PREFACIO

La colección de guías de conversación para viajar "Todo irá bien" publicada por T&P Books está diseñada para personas que viajan al extranjero para turismo y negocios. Las guías contienen lo más importante - los elementos esenciales para una comunicación básica.Éste es un conjunto de frases imprescindibles para "sobrevivir" mientras está en el extranjero.

Esta guía de conversación le ayudará en la mayoría de los casos donde usted necesite pedir algo, conseguir direcciones, saber cuánto cuesta algo, etc. Puede también resolver situaciones difíciles de la comunicación donde los gestos no pueden ayudar.

Este libro contiene una gran cantidad de frases que han sido agrupadas según los temas más relevantes. Esta edición también incluye un pequeño vocabulario que contiene alrededor de 3.000 de las palabras más frecuentemente usadas.Otra sección de la guía proporciona un glosario gastronómico que le puede ayudar a pedir los alimentos en un restaurante o a comprar comestibles en la tienda.

Llévese la guía de conversación "Todo irá bien" en el camino y tendrá una insustituible compañera de viaje que le ayudará a salir de cualquier situación y le enseñará a no temer hablar con extranjeros.

TABLA DE CONTENIDOS

Pronunciación   5
Lista de abreviaturas   7
Guía de conversación Español-Tailandés   9
Vocabulario temático   77
Glosario gastronómico   207

T&P Books Publishing

T&P Books Publishing

GUÍA DE CONVERSACIÓN
—TAILANDÉS—

Andrey Taranov

LAS PALABRAS Y LAS FRASES MÁS ÚTILES

Esta Guía de Conversación contiene las frases y las preguntas más comunes necesitadas para una comunicación básica con extranjeros

T&P BOOKS

Guía de conversación + diccionario de 3000 palabras

Guía de conversación Español-Tailandés y vocabulario temático de 3000 palabras

por Andrey Taranov

La colección de guías de conversación para viajar "Todo irá bien" publicada por T&P Books está diseñada para personas que viajan al extranjero para turismo y negocios. Las guías contienen lo más importante - los elementos esenciales para una comunicación básica. Éste es un conjunto de frases imprescindibles para "sobrevivir" mientras está en el extranjero.

Este libro también incluye un pequeño vocabulario temático que contiene alrededor de 3.000 de las palabras más frecuentemente usadas. Otra sección de la guía proporciona un glosario gastronómico que le puede ayudar a pedir los alimentos en un restaurante o a comprar comestibles en la tienda.

T&P Books Publishing
www.tpbooks.com

ISBN: 978-1-83955-120-8

Este libro está disponible en formato electrónico o de E-Book también.
Visite www.tpbooks.com o las librerías electrónicas más destacadas en la Red.

PRONUNCIACIÓN

T&P alfabeto fonético	Ejemplo tailandés	Ejemplo español

Las vocales

[a]	ห้า [hâː] – hâa ˇ	radio
[e]	เป็นลม [pen lom] – bpen lom	verano
[i]	วินัย [wí? naj] – wí–nai	ilegal
[o]	โกน [koːn] – gohn	bordado
[u]	ขุ่นเคือง [kʰùn kʰɯːaŋ] – khùn kheuang	mundo
[aa]	ราคา [ra: kʰaː] – raa–khaa	contraataque
[oo]	ภูมิใจ [pʰuːm tɕaj] – phoom jai	jugador
[ee]	บัญชี [ban tɕʰiː] – ban–chee	destino
[ɯ]	เดือน [dɯːan] – deuan	Largo sonido [ə]
[ɤ]	เงิน [ŋɤn] – ngern	Vocal semicerrada posterior no redondeada
[ae]	แปล [plɛː] – bplae	cuarenta
[ay]	เลข [lêːk] – lâyk	sexto
[ai]	ไปป์ [paj] – bpai	paisaje
[oi]	โพย [pʰoːj] – phoi	boina
[ya]	สัญญา [sǎn jaː] – sǎn–yaa	araña
[ɤ:i]	อบเชย [ʔòp tɕʰɤːj] – òp–choie	Combinación [ə:i]
[iːa]	หน้าเชียว [nâː siːaw] – nâa sieow	ecología

Consonantes iniciales

[b]	บาง [baːŋ] – baang	en barco
[d]	สีแดง [sǐ: dɛːŋ] – sěe daeng	desierto
[f]	มันฝรั่ง [man fà ràŋ] – man fà–ràng	golf
[h]	เฮลซิงกิ [heːn siŋ kì?] – hayn–sing–gì	registro
[y]	ยี่สิบ [jîː sìp] – yêe sìp	asiento
[g]	กรง [kroŋ] – grorng	jugada
[kh]	เลขา [le: kʰǎː] – lay–khǎa	[k] aspirada
[l]	เล็ก [lék] – lék	lira
[m]	เมลอน [me: lɔːn] – may–lorn	nombre
[n]	หนัง [nǎŋ] – nǎng	número
[ng]	เงือก [ŋɯːak] – ngêuak	manga
[bp]	เป็น [pen] – bpen	precio

5

T&P alfabeto fonético	Ejemplo tailandés	Ejemplo español
[ph]	เผา [pʰàw] – phào	[p] aspirada
[r]	เบอรรี [bɤ: rî:] – ber–rêe	era, alfombra
[s]	ซอน [sôn] – sôrn	salva
[dt]	ดนตรี [don tri:] – don–dtree	torre
[j]	ปั้นจั่น [pân tɕàn] – bpân jàn	archivo
[ch]	วิชา [wí? tɕʰa:] – wí–chaa	[tsch] aspirado
[th]	แถว [tʰɛ:w] – thâe	[t] aspirada
[w]	เคียว [kʰi:aw] – khieow	acuerdo

Consonantes finales

[k]	แมเหล็ก [mɛ: lèk] – mâe lèk	charco
[m]	เพิ่ม [pʰɤ:m] – phêrm	nombre
[n]	เนียน [ni:an] – nian	número
[ng]	เป็นหวง [pen hù:aŋ] – bpen hùang	manga
[p]	ไมขยับ [mâj kʰà ja p] – mâi khà–yàp	precio
[t]	ลูกเป็ด [lû:k pèt] – lôok bpèt	torre

Comentarios

· **Tono medio - [ā]** การคูณ [gaan khon]
Tono bajo - [à] แจกจาย [jàek jàai]
Tono descendente - [â] แตม [dtâem]
Tono alto - [á] แซ็กไซโฟน [sáek-soh-fohn]
Tono ascendente - [ǎ] เนินเขา [nern khǎo]

LISTA DE ABREVIATURAS

Abreviatura en español

adj	-	adjetivo
adv	-	adverbio
anim.	-	animado
conj	-	conjunción
etc.	-	etcétera
f	-	sustantivo femenino
f pl	-	femenino plural
fam.	-	uso familiar
fem.	-	femenino
form.	-	uso formal
inanim.	-	inanimado
innum.	-	innumerable
m	-	sustantivo masculino
m pl	-	masculino plural
m, f	-	masculino, femenino
masc.	-	masculino
mat	-	matemáticas
mil.	-	militar
num.	-	numerable
p.ej.	-	por ejemplo
pl	-	plural
pron	-	pronombre
sg	-	singular
v aux	-	verbo auxiliar
vi	-	verbo intransitivo
vi, vt	-	verbo intransitivo, verbo transitivo
vr	-	verbo reflexivo
vt	-	verbo transitivo

T&P BOOKS

GUÍA DE CONVERSACIÓN TAILANDÉS

Esta sección contiene frases importantes que pueden resultar útiles en varias situaciones de la vida real. La Guía le ayudará a pedir direcciones, aclaración sobre precio, comprar billetes, y pedir alimentos en un restaurante

T&P Books Publishing

CONTENIDO DE LA GUÍA DE CONVERSACIÓN

Lo más imprescindible 12
Preguntas 15
Necesidades 16
Preguntar por direcciones 18
Carteles 20
Transporte. Frases generales 22
Comprar billetes 24
Autobús 26
Tren 28
En el tren. Diálogo (Sin billete) 30
Taxi 32
Hotel 34
Restaurante 37
De Compras 39
En la ciudad 41
Dinero 43

Tiempo   45
Saludos. Presentaciones.   47
Despedidas   49
Idioma extranjero   51
Disculpas   53
Acuerdos   54
Rechazo. Expresar duda   55
Expresar gratitud   57
Felicitaciones , Mejores Deseos   59
Socializarse   60
Compartir impresiones. Emociones   63
Problemas, Accidentes   65
Problemas de salud   68
En la farmacia   71
Lo más imprescindible   73

T&P Books Publishing

Lo más imprescindible

Perdone, …
ขอโทษครับ /ค่ะ/
khŏr thôht khráp /khâ/

Hola.
สวัสดีครับ /สวัสดีค่ะ/
sà-wàt-dee khráp /sà-wàt-dee khâ/

Gracias.
ขอบคุณครับ /ค่ะ/
khòrp khun khráp /khâ/

Sí.
ใช่
châi

No.
ไม่ใช่
mâi châi

No lo sé.
ผม /ฉัน/ ไม่ทราบ
phŏm /chăn/ mâi-sâap

¿Dónde? | ¿A dónde? | ¿Cuándo?
ที่ไหน | ไปที่ไหน | เมื่อไหร่
thêe năi | bpai thêe năi | mêua rài

Necesito …
ผม /ฉัน/ ต้องการ…
phŏm /chăn/ dtôrng gaan…

Quiero …
ผม /ฉัน/ ต้องการ…
phŏm /chăn/ dtôrng gaan…

¿Tiene …?
คุณมี…ไหมครับ /ค่ะ/
khun mee…măi khráp /khá/

¿Hay … por aquí?
ที่นี่มี…ไหม
thêe nêe mee…măi

¿Puedo …?
ผม /ฉัน/ ขออนุญาต…
phŏm /chăn/ khŏr a-nú-yâat…

…, por favor? (petición educada)
โปรด…
bpròht…

Busco …
ผม /ฉัน/ กำลังหา…
phŏm /chăn/ gam-lang hăa…

el servicio
ห้องน้ำ
hôrng náam

un cajero automático
เอทีเอ็ม
ay thee em

una farmacia
ร้านขายยา
ráan khăai yaa

el hospital
โรงพยาบาล
rohng phá-yaa-baan

---

la comisaría
สถานีตำรวจ
sà-thăa-nee dtam-rùat

el metro
รถไฟใต้ดิน
rót fai dtâi din

---

un taxi	รถแท็กซี่ rót tháek-sêe
la estación de tren	สถานีรถไฟ sà-thǎa-nee rót fai

Me llamo …	ผม /ฉัน/ ชื่อ... phǒm /chǎn/ chêu…
¿Cómo se llama?	คุณชื่ออะไรครับ /คะ/ khun chêu a-rai khráp /khá/
¿Puede ayudarme, por favor?	ขอช่วยผมหน่อยครับ /ขอช่วยฉันหน่อยคะ/ khǒr chûay phǒm nòi khráp /khǒr chûay chǎn nòi khá/
Tengo un problema.	ผม /ฉัน/ มีปัญหา phǒm /chǎn/ mee bpan-hǎa
Me encuentro mal.	ผม /ฉัน/ รู้สึกไม่สบาย phǒm /chǎn/ róo sèuk mâi sà-baai
¡Llame a una ambulancia!	ขอเรียกรถพยาบาล! khǒr rîak rót phá-yaa-baan
¿Puedo llamar, por favor?	ผม /ฉัน/ โทรศัพท์ได้ไหม phǒm /chǎn/ thoh-rá-sàp dâai mǎi

Lo siento.	ขอโทษ khǒr thôht
De nada.	ไม่เป็นไรครับ /ค่ะ/ mâi bpen rai khráp /khâ/

Yo	ผม /ฉัน/ phǒm /chǎn/
tú	คุณ khun
él	เขา khǎo
ella	เธอ ther
ellos	พวกเขา phûak khǎo
ellas	พวกเขา phûak khǎo
nosotros /nosotras/	เรา rao
ustedes, vosotros	คุณทั้งหลาย khun tháng lǎai
usted	ท่าน thân

ENTRADA	ทางเข้า thaang khâo
SALIDA	ทางออก thaang òrk
FUERA DE SERVICIO	เสีย sǐa

CERRADO	ปิด
	bpìt
ABIERTO	เปิด
	bpèrt
PARA SEÑORAS	สำหรับผู้หญิง
	săm-ràp phôo yĭng
PARA CABALLEROS	สำหรับผู้ชาย
	săm-ràp phôo chaai

Preguntas

¿Dónde?
ที่ไหน
thêe năi

¿A dónde?
ไปที่ไหน
bpai thêe năi

¿De dónde?
มาจากไหน
maa jàak năi

¿Por qué?
ทำไม
tham-mai

¿Con que razón?
ด้วยเหตุผลอะไร
dûay hàyt phŏn a-rai

¿Cuándo?
เมื่อไหร่
mêua rài

¿Cuánto tiempo?
นานแค่ไหน
naan khâe năi

¿A qué hora?
กี่โมง
gèe mohng

¿Cuánto?
ราคาเท่าไหร่
raa-khaa thâo rài

¿Tiene ...?
คุณมี...ไหมครับ /คะ/
khun mee...măi khráp /khá/

¿Dónde está ...?
...อยู่ที่ไหน
...yòo thêe năi

¿Qué hora es?
กี่โมงแล้ว
gèe mohng láew

¿Puedo llamar, por favor?
ผม /ฉัน/ โทรศัพท์ได้ไหม
phŏm /chăn/ thoh-rá-sàp dâai măi

¿Quién es?
ใครอยู่ที่นั่น
khrai yòo thêe nân

¿Se puede fumar aquí?
ผม /ฉัน/ สูบบุหรี่ที่นี่ได้ไหม
phŏm /chăn/ sòop bù rèe thêe nêe dâai măi

¿Puedo ...?
ผม /ฉัน/... ได้ไหม
phŏm /chăn/... dâai măi

Necesidades

Quisiera …	ผม /ฉัน/ ต้องการ phǒm /chǎn/ dtôrng gaan
No quiero …	ผม /ฉัน/ ไม่ต้องการ phǒm /chǎn/ mâi dtôrng gaan
Tengo sed.	ผม /ฉัน/ หิวน้ำ phǒm /chǎn/ hǐw náam
Tengo sueño.	ผม /ฉัน/ ต้องการนอน phǒm /chǎn/ dtônrg gaan norn

Quiero …	ผม /ฉัน/ ต้องการ... phǒm /chǎn/ dtôrng gaan…
lavarme	ล้างหน้า láang nâa
cepillarme los dientes	แปรงฟัน bpraeng fan
descansar un momento	พักนิดหน่อย phák nít nòi
cambiarme de ropa	เปลี่ยนเสื้อผ้า bplìan sêua phâa

volver al hotel	กลับไปที่โรงแรม glàp bpai thêe rohng raem
comprar …	ซื้อ... séu…
ir a …	ไป... bpai…
visitar …	ไปเยี่ยม... bpai yîam…
quedar con …	พบกับ... phóp gàp…
hacer una llamada	โทรศัพท์ thoh-rá-sàp

Estoy cansado /cansada/.	ผม /ฉัน/ เหนื่อย phǒm /chǎn/ nèuay
Estamos cansados /cansadas/.	เราเหนื่อย rao nèuay
Tengo frío.	ผม /ฉัน/ หนาว phǒm /chǎn/ nǎao
Tengo calor.	ผม /ฉัน/ ร้อน phǒm /chǎn/ rórn
Estoy bien.	ผม /ฉัน/ โอเค phǒm /chǎn/ oh khay

Tengo que hacer una llamada.

ผม /ฉัน/ ต้องการโทรศัพท์
phǒm /chǎn/ dtôrng gaan thoh-rá-sàp

Necesito ir al servicio.

ผม /ฉัน/
ต้องการไปห้องน้ำ
phǒm /chǎn/
dtôrng gaan bpai hôrng náam

Me tengo que ir.

ผม /ฉัน/ ต้องไปแล้ว
phǒm /chǎn/ dtôrng bpai láew

Me tengo que ir ahora.

ตอนนี้ผม /ฉัน/ ต้องไปแล้ว
dton-née phǒm /chǎn/ dtôrng bpai láew

Preguntar por direcciones

Perdone, …	ขอโทษครับ /ค่ะ/ khŏr thôht khráp /khâ/
¿Dónde está …?	…อยู่ที่ไหน …yòo thêe năi
¿Por dónde está …?	…ไปทางไหนครับ /คะ/ …bpai thaang năi khráp /khá/
¿Puede ayudarme, por favor?	ขอช่วยผมหน่อยครับ /ขอช่วยฉันหน่อยคะ/ khŏr chûay phŏm nòi khráp /khŏr chûay chăn nòi khá/
Busco …	ผม /ฉัน/ กำลังหา… phŏm /chăn/ gam-lang hăa…
Busco la salida.	ผม /ฉัน/ กำลังหา ทางออกครับ /คะ/ phŏm /chăn/ gam-lang hăa thaang òrk khráp /khâ/
Voy a …	ผม /ฉัน/ กำลังไป… phŏm /chăn/ gam-lang bpai…
¿Voy bien por aquí para …?	ผม /ฉัน/ ไป… ถูกไหม phŏm /chăn/ bpai… thòok măi
¿Está lejos?	อยู่ไกลไหม yòo glai măi
¿Puedo llegar a pie?	ผม /ฉัน/ เดินไปที่นั่นได้ไหม phŏm /chăn/ dern bpai thêe nân dâai măi
¿Puede mostrarme en el mapa?	ขอชี้…ในแผนที่ ให้ดูครับ /คะ/ khŏr chée…nai phăen thêe hâi doo khráp /khá/
Por favor muestreme dónde estamos.	ขอชี้…ว่าตอนนี้เรา อยู่ที่ไหนครับ /คะ/ khŏr chée…wâa dton-née rao yòo thêe năi khráp /khá/
Aquí	ที่นี่ thêe nêe
Allí	ที่นั่น thêe nân
Por aquí	ทางนี้ thaang née

Gire a la derecha.

เลี้ยวขวา
líeow khwǎa

Gire a la izquierda.

เลี้ยวซ้าย
líeow sáai

la primera (segunda, tercera) calle

การเลี้ยว แรก (ที่สอง, ที่สาม)
gaan líeow · râek (thêe sǒng, thêe sǎam)

a la derecha

ไปทางขวา
bpai thaang khwǎa

a la izquierda

ไปทางซ้าย
bpai thaang sáai

Siga recto.

ไปตรง
bpai dtrong

Carteles

¡BIENVENIDO!	ยินดีต้อนรับ! yin dee dtôn ráp
ENTRADA	ทางเข้า thaang khâo
SALIDA	ทางออก thaang òrk

EMPUJAR	ผลัก phlàk
TIRAR	ดึง deung
ABIERTO	เปิด bpèrt
CERRADO	ปิด bpìt

PARA SEÑORAS	สำหรับผู้หญิง săm-ràp phôo yĭng
PARA CABALLEROS	สำหรับผู้ชาย săm-ràp phôo chaai
CABALLEROS	สุภาพบุรุษ (ผู้ชาย) sù-phâap bù-rùt (phôo chaai)
SEÑORAS	สุภาพสตรี (ผู้หญิง) sù-phâap sàt-dtree (phôo yĭng)

REBAJAS	ลดราคา lót raa-khaa
VENTA	ขายของลดราคา khăai khŏrng lót raa-khaa
GRATIS	ฟรี free
¡NUEVO!	ใหม่! mài
ATENCIÓN	โปรดทราบ! bpròht sâap

COMPLETO	ไม่ว่าง mâi wâang
RESERVADO	จองแล้ว jorng láew
ADMINISTRACIÓN	การบริหาร gaan bor-rí-hăan
SÓLO PERSONAL AUTORIZADO	เฉพาะพนักงาน chà-phór phá-nák ngaan

CUIDADO CON EL PERRO	ระวังสุนัข! rá-wang sù-nák
NO FUMAR	ห้ามสูบบุหรี่! hâam sòop bù rèe
NO TOCAR	ห้ามแตะ! hâam dtàe

PELIGROSO	อันตราย an-dtà-raai
PELIGRO	อันตราย an-dtà-raai
ALTA TENSIÓN	ไฟฟ้าแรงสูง fai fáa raeng sŏong
PROHIBIDO BAÑARSE	ห้ามว่ายน้ำ hâam wâai náam

FUERA DE SERVICIO	เสีย sĭa
INFLAMABLE	อันตรายติดไฟ an-dtà-raai dtìt fai
PROHIBIDO	ห้าม hâam
PROHIBIDO EL PASO	ห้ามบุกรุก! hâam bùk rúk
RECIÉN PINTADO	สียังไม่แห้ง sĕe yang mâi hâeng

CERRADO POR RENOVACIÓN	ปิดปรับปรุง bpìt bpràp bprung
EN OBRAS	งานก่อสร้าง ngaan gòr sâang
DESVÍO	ทางเบี่ยง thaang bìang

Transporte. Frases generales

el avión	เครื่องบิน khrêuang bin
el tren	รถไฟ rót fai
el bus	รถเมล์ rót may
el ferry	เรือข้ามฟาก reua khâam fâak
el taxi	รถแท็กซี่ rót tháek-sêe
el coche	รถยนต์ rót yon
el horario	ตารางเวลา dtaa-raang way-laa
¿Dónde puedo ver el horario?	ผม /ฉัน/ ดูตารางเวลาได้ที่ไหน phǒm /chǎn/ doo dtaa-raang way-laa dâai thêe nǎi
días laborables	วันทำงาน wan tham ngaan
fines de semana	วันหยุดสุดสัปดาห์ wan yùt sùt sàp-daa
días festivos	วันหยุด wan yùt
SALIDA	ขาออก khǎa òrk
LLEGADA	ขาเข้า khǎa khâo
RETRASADO	ล่าช้า lâa cháa
CANCELADO	ยกเลิก yók lêrk
siguiente (tren, etc.)	ถัดไป thàt bpai
primero	แรก râek
último	สุดท้าย sùt tháai

¿Cuándo pasa el siguiente …?	...เที่ยวถัดไปออกเมื่อไหร่ …thîeow thàt bpai òk mêua rài
¿Cuándo pasa el primer …?	...เที่ยวแรกออกเมื่อไหร่ …thîeow râek òrk mêua rài
¿Cuándo pasa el último …?	...เที่ยวสุดท้ายออกเมื่อไหร่ …thîeow sùt tháai òk mêua rài

el trasbordo (cambio de trenes, etc.)	การเปลี่ยนสาย gaan bplìan săai
hacer un trasbordo	เปลี่ยนสาย bplìan săai
¿Tengo que hacer un trasbordo?	ผม /ฉัน/ ต้องเปลี่ยนสายไหม phŏm /chăn/ dtôrng bplìan săai măi

Comprar billetes

¿Dónde puedo comprar un billete?	ผม /ฉัน/ ซื้อตั๋วได้ที่ไหน phǒm /chǎn/ séu dtǔa dâai thêe nǎi
el billete	ตั๋ว dtǔa
comprar un billete	ซื้อตั๋ว séu dtǔa
precio del billete	ราคาตั๋ว raa-khaa dtǔa

¿Para dónde?	ไปไหน bpai nǎi
¿A qué estación?	ไปสถานีไหน bpai sà-thǎa-nee nǎi
Necesito …	ผม /ฉัน/ ต้องการ... phǒm /chǎn/ dtôrng gaan…
un billete	ตั๋วหนึ่งใบ dtǔa nèung bai
dos billetes	ตั๋วสองใบ dtǔa sǒng bai
tres billetes	ตั๋วสามใบ dtǔa sǎam bai

sólo ida	เที่ยวเดียว thîeow dieow
ida y vuelta	ไปกลับ bpai glàp
en primera (primera clase)	ชั้นหนึ่ง chán nèung
en segunda (segunda clase)	ชั้นสอง chán sǒng

hoy	วันนี้ wan née
mañana	พรุ่งนี้ phrûng-née
pasado mañana	มะรืน má-reun
por la mañana	ตอนเช้า dtorn-cháo
por la tarde	ตอนบ่าย dtorn-bàai
por la noche	ตอนเย็น dtorn-yen

asiento de pasillo

ที่นั่งติดทางเดิน
thêe nâng dtìt thaang dern

asiento de ventanilla

ที่นั่งติดหน้าต่าง
thêe nâng dtìt nâa dtàang

¿Cuánto cuesta?

ราคาเท่าไหร่
raa-khaa thâo rài

¿Puedo pagar con tarjeta?

ผม /ฉัน/
จ่ายด้วยบัตรเครดิตได้ไหม
phǒm /chǎn/
jàai dûay bàt khray-dìt dâai mǎi

Autobús

el autobús	รถเมล์ rót may
el autobús interurbano	รถเมล์วิ่งระหว่างเมือง rót may wîng rá-wàang meuang
la parada de autobús	ป้ายรถเมล์ bpâai rót may
¿Dónde está la parada de autobuses más cercana?	ป้ายรถเมล์ที่ใกล้ ที่สุดอยู่ที่ไหน bpâai rót may thêe glâi thêe sùt yòo thêe năi
número	หมายเลข măai lâyk
¿Qué autobús tengo que tomar para ...?	ผม /ฉัน/ ควรนั่งรถเมล์สาย ไหนที่จะไป... phŏm /chăn/ khuan nâng rót may săi năi thêe jà bpai...
¿Este autobús va a ...?	รถเมล์สายนี้ไป...หรือไม่ rót may săi née bpai...rĕu mâi
¿Cada cuanto pasa el autobús?	รถเมล์มาบ่อยแค่ไหน rót may maa bòi khâe năi
cada 15 minutos	ทุก 15 นาที thúk sìp hâa · naa-thee
cada media hora	ทุกครึ่งชั่วโมง thúk khrêung chûa mohng
cada hora	ทุกชั่วโมง thúk chûa mohng
varias veces al día	วันละหลายครั้ง wan lá lăai khráng
... veces al día	วันละ...ครั้ง wan lá...khráng
el horario	ตารางเวลา dtaa-raang way-laa
¿Dónde puedo ver el horario?	ผม /ฉัน/ ดูตาราง เวลาได้ที่ไหน phŏm /chăn/ doo dtaa-raang way-laa dâai thêe năi
¿Cuándo pasa el siguiente autobús?	รถเมล์ถัดไปมาเมื่อไหร่ rót may thàt bpai maa mêua rài
¿Cuándo pasa el primer autobús?	รถเมล์แรกออกเมื่อไหร่ rót may râek òk mêua rài
¿Cuándo pasa el último autobús?	รถเมล์สุดท้ายออกเมื่อไหร่ rót may sùt tháai òk mêua rài

la parada	ป้าย bpâai
la siguiente parada	ป้ายหน้า bpâai nâa
la última parada	ป้ายสุดท้าย bpâai sùt tháai
Pare aquí, por favor.	กรุณาจอดที่นี่ครับ /ค่ะ/ gà-rú-naa jòrt thêe nêe khráp /khâ/
Perdone, esta es mi parada.	ขอโทษ ผม /ฉัน/ . ขอลงป้ายนี้ครับ /ค่ะ/ khŏr thôht · phŏm /chǎn/ khŏr long bpâai née khráp /khâ/

Tren

el tren
รถไฟ
rót fai

el tren de cercanías
รถไฟชานเมือง
rót fai chaan meuang

el tren de larga distancia
รถไฟทางไกล
rót fai thaang glai

la estación de tren
สถานีรถไฟ
sà-thǎa-nee rót fai

Perdone, ¿dónde está
la salida al anden?
ขอโทษ ทางออกไปยัง
ชานชาลาอยู่ที่ไหน
khǒr thôht thaang òrk bpai yang
chaan chaa-laa yòo thêe nǎi

¿Este tren va a …?
รถไฟนี้ไป...ไหม
rót fai née bpai…mǎi

el siguiente tren
รถไฟขบวนถัดไป
rót fai khà-buan thàt bpai

¿Cuándo pasa el siguiente tren?
รถไฟขบวนถัดไปมาเมื่อไหร่
rót fai khà-buan thàt bpai maa mêua rài

¿Dónde puedo ver el horario?
ผม /ฉัน/ ดูตาราง
เวลาได้ที่ไหน
phǒm /chǎn/ doo dtaa-raang
way-laa dâai thêe nǎi

¿De qué andén?
จากชานชาลาไหน
jàak chaan chaa-laa nǎi

¿Cuándo llega el tren a …?
รถไฟมาถึง...เมื่อไหร่
rót fai maa thěung…mêua rài

Ayudeme, por favor.
กรุณาช่วยผม /ฉัน/
gà-rú-naa chûay phǒm /chǎn/

Busco mi asiento.
ผม /ฉัน/ กำลังหา
ที่นั่งของผม /ฉัน/
phǒm /chǎn/ gam-lang hǎa
thêe nâng khǒrng phǒm /chǎn/

Buscamos nuestros asientos.
เรากำลังหาที่นั่งของเรา
rao gam-lang hǎa thêe nâng khǒrng rao

Mi asiento está ocupado.
มีคนเอาที่นั่ง
ของผม /ฉัน/ แล้ว
mee khon ao thêe nâng
khǒrng phǒm /chǎn/ láew

Nuestros asientos están ocupados.
มีคนเอาที่นั่งของเราแล้ว
mee khon ao thêe nâng khǒrng rao láew

Perdone, pero ese es mi asiento.

ขอโทษ แต่นี่คือที่นั่ง
ของผม /ฉัน/
khŏr thôht · dtàe nêe kheu thêe nâng
khŏrng phŏm /chăn/

¿Está libre?

มีคนนั่งที่นี่ไหม
mee khon nâng thêe nêe măi

¿Puedo sentarme aquí?

ผม /ฉัน/ นั่งที่นี้ได้ไหม
phŏm /chăn/ nâng thêe née dâai măi

En el tren. Diálogo (Sin billete)

Su billete, por favor.	ขอดูตั๋วครับ /ค่ะ/ khŏr doo dtŭa khráp /khâ/
No tengo billete.	ผม /ฉัน/ ไม่มีตั๋ว phŏm /chăn/ mâi mee dtŭa
He perdido mi billete.	ผม /ฉัน/ ทำตั๋ว ของผม /ฉัน/ หาย phŏm /chăn/ tham dtŭa khŏrng phŏm /chăn/ hăai
He olvidado mi billete en casa.	ผม /ฉัน/ ลืมตั๋วของผม /ฉัน/ ไว้ที่บ้าน phŏm /chăn/ leum dtŭa khŏrng phŏm /chăn/ wái thêe bâan

Le puedo vender un billete.	คุณซื้อตั๋วได้ที่ผมได้ครับ / คุณซื้อตั๋วได้ที่ฉันได้คะ khun séu dtŭa thêe phŏm dâai khráp / khun séu dtŭa thêe chăn dâai khâ
También deberá pagar una multa.	คุณยังต้องจ่ายค่าปรับด้วย khun yang dtôrng jàai khâa bpràp dûay
Vale.	โอเค oh khay
¿A dónde va usted?	คุณไปไหน khun bpai năi
Voy a …	ผม /ฉัน/ กำลังไป phŏm /chăn/ gam-lang bpai

¿Cuánto es? No lo entiendo.	เท่าไหร่ ผม /ฉัน/ ไม่เข้าใจ thâo rài · phŏm /chăn/ mâi khâo jai
Escríbalo, por favor.	กรุณาเขียนให้ดูครับ /ค่ะ/ gà-rú-naa khĭan hâi doo khráp /khâ/
Vale. ¿Puedo pagar con tarjeta?	โอเค.ผม /ฉัน/ จ่ายด้วยบัตรเครดิตได้ไหม oh khay · phŏm /chăn/ jàai dûay bàt khray-dìt dâai măi
Sí, puede.	ได้ครับ /ค่ะ/ dâai khráp /khâ/

Aquí está su recibo.	นี่คือใบเสร็จของคุณครับ /ค่ะ/ nêe kheu bai sèt khŏrng khun khráp /khâ/
Disculpe por la multa.	เสียใจด้วยค่าปรับ sĭa jai dûay khâa bpràp

No pasa nada. Fue culpa mía.

ไม่เป็นไรหรอก เป็นความผิด
ของผม /ฉัน/ เอง
mâi bpen rai ròk · bpen khwaam phìt
khǒrng phǒm /chǎn/ ayng

Disfrute su viaje.

ขอให้เที่ยวให้สนุกครับ /ค่ะ/
khǒr hâi thîeow hâi sà-nùk khráp /khâ/

Taxi

taxi	รถแท็กซี่ rót tháek-sêe
taxista	คนขับรถแท็กซี่ khon kháp rót tháek-sêe
coger un taxi	เรียกรถแท็กซี่ rîak rót táek-sêe
parada de taxis	ที่จอดรถแท็กซี่ thêe jòrt rót tháek sêe
¿Dónde puedo coger un taxi?	ผม /ฉัน/ เอารถแท็กซี่ได้ที่ไหน phǒm /chǎn/ ao rót tháek-sêe dâai thêe nǎi

llamar a un taxi	เรียกรถแท็กซี่ rîak rót táek-sêe
Necesito un taxi.	ผม /ฉัน/ ต้องการเรียกรถแท็กซี่ phǒm /chǎn/ dtôrng gaan rîak rót tháek-sêe
Ahora mismo.	ตอนนี้ dtorn-née
¿Cuál es su dirección?	ที่อยู่ของคุณคืออะไร thêe yòo khǒrng khun kheu a-rai
Mi dirección es ...	ที่อยู่ของผม /ฉัน/ คือ... thêe yòo khǒrng phǒm /chǎn/ kheu...
¿Cuál es el destino?	คุณไปที่ไหน khun bpai thêe nǎi

Perdone, ...	ขอโทษครับ /ค่ะ/ khǒr thôht khráp /khâ/
¿Está libre?	คุณว่างไหมครับ /คะ/ khun wâang mǎi khráp /khá/
¿Cuánto cuesta ir a ...?	ไป...ราคาเท่าไหร่ bpai...raa-khaa thâo rài
¿Sabe usted dónde está?	คุณรู้ไหมว่ามันอยู่ที่ไหน ครับ /คะ/ khun róo mǎi wâa man yòo thêe nǎi khráp /khá/
Al aeropuerto, por favor.	ไปสนามบินครับ /ค่ะ/ bpai sà-nǎam bin khráp /khâ/
Pare aquí, por favor.	กรุณาจอดที่นี่ครับ /ค่ะ/ gà-rú-naa jòrt thêe nêe khráp /khâ/
No es aquí.	ไม่ใช่ที่นี่ mâi châi thêe nêe

La dirección no es correcta.
ที่อยู่นี้ผิด
thêe yòo née phìt

Gire a la izquierda.
เลี้ยวซ้าย
líeow sáai

Gire a la derecha.
เลี้ยวขวา
líeow khwǎa

¿Cuánto le debo?
ผม /ฉัน/ ต้องจ่ายเท่าไร
phǒm /chǎn/ dtôrng jàai thâo rai

¿Me da un recibo, por favor?
ขอใบเสร็จครับ /ค่ะ/
khǒr bai sèt khráp /khâ/

Quédese con el cambio.
เก็บเงินทอนไว้เถอะ
gèp ngern thorn wái thùh

Espéreme, por favor.
ขอรอผมครับ /ฉันคะ/
khǒr ror phǒm khráp /chǎn khá/

cinco minutos
ห้านาที
hâa naa-thee

diez minutos
สิบนาที
sìp naa-thee

quince minutos
สิบห้านาที
sìp hâa naa-thee

veinte minutos
ยี่สิบนาที
yêe sìp naa-thee

media hora
ครึ่งชั่วโมง
khrêung chûa mohng

Hotel

Hola.	สวัสดีครับ /ค่ะ/ sà-wàt-dee khráp /khâ/
Me llamo …	ผม /ฉัน/ ชื่อ... phŏm /chăn/ chêu…
Tengo una reserva.	ผม /ฉัน/ ได้จองห้องไว้แล้ว phŏm /chăn/ dâai jorng hôrng wái láew

Necesito …	ผม /ฉัน/ ต้องการ... phŏm /chăn/ dtôrng gaan…
una habitación individual	ห้องเตียงเดี่ยว hôrng dtiang dìeow
una habitación doble	ห้องเตียงคู่ hôrng dtiang khôo
¿Cuánto cuesta?	ราคาเท่าไหร่ raa-khaa thâo rài
Es un poco caro.	ค่อนข้างแพง khôrn khâang phaeng

¿Tiene alguna más?	คุณมีอะไรอย่างอื่นไหม ครับ /ค่ะ/ khun mee a-rai yàang èun măi khráp /khá/
Me quedo.	ผม /ฉัน/ จะเอาอันนี้ phŏm /chăn/ jà ao an née
Pagaré en efectivo.	ผม /ฉัน/ จะจ่ายเป็นเงินสด phŏm /chăn/ jà jàai bpen ngern sòt

Tengo un problema.	ผม /ฉัน/ มีปัญหา phŏm /chăn/ mee bpan-hăa
Mi … no funciona.	...ของผม /ฉัน/ แตก …khŏng phŏm /chăn/ dtàek
Mi … está fuera de servicio.	...ของผม /ฉัน/ เสีย …khŏng phŏm /chăn/ sĭa
televisión	โทรทัศน์ thoh-rá-thát
aire acondicionado	เครื่องปรับอากาศ khrêuang bpràp-aa-gàat
grifo	ก๊อกน้ำ górk náam

ducha	ฝักบัว fàk bua
lavabo	อ่างล้างหน้า àang láang-nâa

caja fuerte	ตู้เซฟ dtôo sâyf
cerradura	กุญแจประตู gun-jae bprà-dtoo
enchufe	เต้าเสียบไฟฟ้า dtâo sìap fai fáa
secador de pelo	ไดร์เป่าผม drai bpào phŏm

No tengo …	ผม /ฉัน/ ไม่มี… phŏm /chăn/ mâi mee…
agua	น้ำ náam
luz	ไฟ fai
electricidad	ไฟฟ้า fai fáa

¿Me puede dar …?	คุณเอา…ให้ผม /ฉัน/ ได้ไหม ครับ /ค่ะ/ khun au…hâi phŏm /chăn/ dâai măi khráp /khá/
una toalla	ผ้าเช็ดตัว phâa chét dtua
una sábana	ผ้าห่ม phâa hòm
unas chanclas	รองเท้าแตะ rorng tháo dtàe
un albornoz	เสื้อคลุมอาบน้ำ sêua klum àap náam
un champú	แชมพู chaem phoo
jabón	สบู่ sà-bòo

Quisiera cambiar de habitación.	ผม /ฉัน/ ต้องการเปลี่ยนห้อง phŏm /chăn/ dtôrng gaan bplìan hôrng
No puedo encontrar mi llave.	ผม /ฉัน/ หากุญแจไม่เจอ phŏm /chăn/ hăa gun-jae mâi jer
Por favor abra mi habitación.	กรุณาช่วยเปิดห้อง ของผมครับ /ฉันค่ะ/ gà-rú-naa chûay bpèrt hôrng khŏrng phŏm khráp /chăn khá/

¿Quién es?	krai yòo têe nân khrai yòo thêe nân
¡Entre!	เข้ามาครับ /ค่ะ/! khâo maa khráp /khâ/
¡Un momento!	รอสักครู่! ror sàk khrôo
Ahora no, por favor.	ไม่ใช่ตอนนี้ครับ /ค่ะ/ mâi châi dtorn-née khráp /khâ/

Venga a mi habitación, por favor.	กรุณามาที่ห้อง , ของผมครับ /ฉันคะ/ gà-rú-naa maa thêe hôrng kŏrng phŏm khráp /chăn khâ/
Quisiera hacer un pedido.	ผม /ฉัน/ ต้องการสั่งอาหาร phŏm /chăn/ dtôrng gaan sàng aa-hăan
Mi número de habitación es …	ห้องของผม /ฉัน/ มีเบอร์… hôrng kŏrng phŏm /chăn/ mee ber…

Me voy …	ผม /ฉัน/ กำลังออกไป… phŏm /chăn/ gam-lang òk bpai…
Nos vamos …	พวกเรากำลังออกไป… phûak rao gam-lang òk bpai…
Ahora mismo	ตอนนี้ dtorn-née
esta tarde	บ่ายนี้ bàai née
esta noche	คืนนี้ kheun née
mañana	พรุ่งนี้ phrûng-née
mañana por la mañana	พรุ่งนี้เวลาเช้า phrûng-née way-laa cháo
mañana por la noche	พรุ่งนี้เวลาเย็น phrûng-née way-laa yen
pasado mañana	มะรืน má-reun

Quisiera pagar la cuenta.	ผม /ฉัน/ ต้องการจ่าย phŏm /chăn/ dtôrng gaan jàai
Todo ha estado estupendo.	ทุกอย่างดีเยี่ยม thúk yàang dee yîam
¿Dónde puedo coger un taxi?	ผม /ฉัน/ เรียกรถแท็กซี่ ได้ที่ไหน phŏm /chăn/ rîak rót tháek-sêe dâai thêe nǎi
¿Puede llamarme un taxi, por favor?	กรุณาช่วยเรียกรถแท็ก ให้ผมครับ /ฉันคะ/ gà-rú-naa chûay rîak rót tháek-sêe hâi phŏm khráp /chăn khá/

Restaurante

¿Puedo ver el menú, por favor?

ขอผม /ฉัน/ ดูเมนูหน่อย
khŏr phŏm /chăn/ doo may-noo nòi

Mesa para uno.

ขอโต๊ะสำหรับหนึ่งที่
khŏr dtó săm-ràp nèung thêe

Somos dos (tres, cuatro).

เรามากันสอง (สาม สี่) คน
rao maa gan sŏrng (săam · sèe) khon

Para fumadores

ห้องสูบบุหรี่
hôrng sòop bù rèe

Para no fumadores

ห้องไม่สูบบุหรี่
hôrng mâi sòop bù rèe

¡Por favor! (llamar al camarero)

ขอโทษครับ /ค่ะ/
khŏr thôht khráp /khâ/

la carta

เมนู
may-noo

la carta de vinos

รายการไวน์
raai gaan wai

La carta, por favor.

ขอเมนูด้วยครับ /ค่ะ/
khŏr may-noo dûay khráp /khâ/

¿Está listo para pedir?

คุณพร้อมสั่งอาหารไหม
ครับ /ค่ะ/
khun phrórm sàng aa-hăan măi
khráp /khá/

¿Qué quieren pedir?

คุณต้องการอะไรบ้างครับ /ค่ะ/
khun dtôrng gaan a-rai bâang khráp /khá/

Yo quiero …

ผม /ฉัน/ ต้องการ...
phŏm /chăn/ dtôrng gaan…

Soy vegetariano.

ผม /ฉัน/ กินมังสวิรัติ
phŏm /chăn/ gin mang-sà-wí-rát

carne

เนื้อ
néua

pescado

ปลา
bplaa

verduras

ผัก
phàk

¿Tiene platos para vegetarianos?

คุณมีอาหารมังสวิรัติไหม
ครับ /ค่ะ/
khun mee aa hăan mang-sà-wí-rát măi
khráp /khá/

No como cerdo.

ผม /ฉัน/ ไม่กินเนื้อหมู
phŏm /chăn/ mâi gin néua mŏo

Él /Ella/ no come carne.

เขา /เธอ/ ไม่กินเนื้อสัตว์
khǎo /ther/ mâi gin néua sàt

Soy alérgico a …

ผม /ฉัน/ แพ้...
phǒm /chǎn/ pháe…

¿Me puede traer …, por favor?

ขอเอา...ให้ผม /ฉัน/
khǒr ao…hâi phǒm /chǎn/

sal | pimienta | azúcar

เกลือ | พริกไทย | น้ำตาล
gleua | phrík-tai | nám dtaan

café | té | postre

กาแฟ | ชา | ขนมหวาน
gaa-fae | chaa | khà-nǒm wǎan

agua | con gas | sin gas

น้ำ | น้ำโซดา | น้ำเปล่า
náam | náam soh-daa | náam bplào

una cuchara | un tenedor | un cuchillo

ช้อน | ส้อม | มีด
chórn | sôrm | mêet

un plato | una servilleta

จาน | ผ้าเช็ดปาก
jaan | phâa chét bpàak

¡Buen provecho!

ประทานอาหารให้อร่อยครับ /ค่ะ/!
bprà-thaan aa-hǎan hâi a-ròi khráp /khâ/

Uno más, por favor.

ขออีกอันหนึ่งครับ /ค่ะ/
khǒr èek an nèung khráp /khâ/

Estaba delicioso.

อร่อยมาก
a-ròi mâak

---

la cuenta | el cambio | la propina

คิดเงิน | เงินทอน | ทิป
khít ngern | ngern thorn | thíp

La cuenta, por favor.

ขอคิดเงินครับ /ค่ะ/
khǒr khít ngern khráp /khâ/

¿Puedo pagar con tarjeta?

ผม /ฉัน/ จ่ายด้วย
บัตรเครดิตได้ไหม
phǒm /chǎn/ jàai dûay
bàt khray-dìt dâai mǎi

Perdone, aquí hay un error.

ขอโทษ ตรงนี้มีข้อผิด
khǒr thôht · dtrong née mee khôr phìt

De Compras

¿Puedo ayudarle?	ผม /ฉัน/ ช่วยคุณได้ ไหมครับ /คะ/ phŏm /chăn/ chûay khun dâai măi khráp /khá/
¿Tiene …?	คุณมี...ไหม khun mee...măi
Busco …	ผม /ฉัน/ กำลังหา... phŏm /chăn/ gam-lang hăa…
Necesito …	ผม /ฉัน/ ต้องการ... phŏm /chăn/ dtôrng gaan…
Sólo estoy mirando.	ผม /ฉัน/ กำลังดูเท่านั้น phŏm /chăn/ gam-lang doo thâo nán
Sólo estamos mirando.	พวกเรากำลังดูเท่านั้น phûak rao gam-lang doo thâo nán
Volveré más tarde.	ผม /ฉัน/ จะกลับมาใหม่ phŏm /chăn/ jà glàp maa mài
Volveremos más tarde.	เราจะกลับมาใหม่ rao jà glàp maa mài
descuentos | oferta	ลดราคา | ขายของลดราคา lót raa-khaa | khăai khŏng lót raa-khaa
Por favor, enséñeme …	ผม /ฉัน/ ดู...ได้ไหม phŏm /chăn/ doo...dâai măi
¿Me puede dar …, por favor?	ขอเอา...ให้ผม /ฉัน/ khŏr ao...hâi phŏm /chăn/
¿Puedo probármelo?	ผม /ฉัน/ ลองได้ไหม phŏm /chăn/ lorng dâai măi
Perdone, ¿dónde están los probadores?	ขอโทษ ห้องลองอยู่ที่ไหน khŏr thôht hôrng lorng yòo thêe năi
¿Qué color le gustaría?	คุณต้องการสีอะไร khun dtôrng gaan sĕe a-rai
la talla | el largo	ขนาด | ความยาว khà-nàat | khwaam yaao
¿Cómo le queda? (¿Está bien?)	พอดีไหม phor dee măi
¿Cuánto cuesta esto?	ราคาเท่าไหร่ raa-khaa thâo rài
Es muy caro.	แพงเกินไป phaeng gern bpai
Me lo llevo.	ผม /ฉัน/ จะเอาอันนี้ phŏm /chăn/ jà ao an née

Perdone, ¿dónde está la caja?

ขอโทษ ผม /ฉัน/
จ่ายเงินได้ที่ไหน
khŏr thôht · phŏm /chăn/
jàai ngern dâai thêe năi

¿Pagará en efectivo o con tarjeta?

คุณจะจ่ายด้วยเงินสดหรือ
บัตรเครดิต
khun jà jàai dûay ngern sòt rĕu
bàt khray-dìt

en efectivo | con tarjeta

เงินสด I บัตรเครดิต
ngern sòt | bàt khray-dìt

¿Quiere el recibo?

คุณต้องการใบเสร็จไหม
khun dtôrng gaan bai sèt măi

Sí, por favor.

ใช่ครับ /ค่ะ/
châi khráp /khâ/

No, gracias.

ไม่ ไม่เป็นไร
mâi · mâi bpen rai

Gracias. ¡Que tenga un buen día!

ขอบคุณครับ /ค่ะ/
ขอให้วันนี้เป็นวันที่ดีนะครับ /ค่ะ/
khòrp khun khráp /khâ/
khŏr hâi wan née bpen wan thêe dee ná
khráp /khâ/

En la ciudad

Perdone, por favor.	ขอโทษครับ /ค่ะ/ khŏr thôht khráp /khâ/
Busco ...	ผม /ฉัน/ กำลังหา... phŏm /chăn/ gam-lang hăa...
el metro	รถไฟใต้ดิน rót fai dtâi din
mi hotel	โรงแรมของผม /ฉัน/ rohng raem khŏrng phŏm /chăn/
el cine	โรงภาพยนต์ rohng phâa-pha-yon
una parada de taxis	จุดจอดแท็กซี่ jùt jòrt tháek-sêe

un cajero automático	เอทีเอ็ม ay thee em
una oficina de cambio	ที่แลกเงิน thêe lâek ngern
un cibercafé	ร้านอินเทอร์เนทคาเฟ่ ráan in thêr-nâyt kaa-fây
la calle ...	ถนน... thà-nŏn...
este lugar	สถานที่นี้ sà-thăan thêe née

¿Sabe usted dónde está ...?	คุณรู้ไหมว่า...อยู่ที่ไหน khun róo măi wâa...yòo thêe năi
¿Cómo se llama esta calle?	นี่คือถนนอะไร nêe kheu thà-nŏn a-rai
Muestreme dónde estamos ahora.	ขอชี้...ว่าตอนนี้เรา อยู่ที่ไหนครับ /คะ/ khŏr chée...wâa dtorn-née rao yòo thêe năi khráp /khá/
¿Puedo llegar a pie?	ผม /ฉัน/ เดินไปได้ที่นั่นไหม phŏm /chăn/ dern bpai thêe nân dâai măi
¿Tiene un mapa de la ciudad?	คุณมีแผนที่เมืองนี้ไหม khun mee phăen thêe meuang née măi

¿Cuánto cuesta la entrada?	ตั๋วราคาเท่าไหร่ dtŭa raa-khaa thâo rài
¿Se pueden hacer fotos aquí?	ผม /ฉัน/ ถ่ายรูป ที่นี่ได้ไหม phŏm /chăn/ thàai rôop thêe née dâai măi

¿Está abierto?

เปิดไหม
bpèrt măi

¿A qué hora abren?

คุณเปิดเมื่อไหร่ครับ /คะ/
khun bpèrt mêua rài khráp /khá/

¿A qué hora cierran?

คุณปิดเมื่อไหร่ครับ /คะ/
khun bpìt mêua rài khráp /khá/

Dinero

dinero	เงิน ngern
efectivo	เงินสด ngern sòt
billetes	ธนบัตร thá-ná-bàt
monedas	เศษเหรียญ sàyt rĭan
la cuenta	el cambio	la propina	คิดเงิน I เงินทอน I ทิป khít ngern	ngern thorn	thíp

la tarjeta de crédito	บัตรเครดิต bàt khray-dìt
la cartera	กระเป๋าเงิน grà-bpǎo ngern
comprar	ซื้อ séu
pagar	จ่าย jàai
la multa	ค่าปรับ khâa bpràp
gratis	ฟรี free

¿Dónde puedo comprar ...?	ผม /ฉัน/ ซื้อ...ได้ที่ไหน phŏm /chăn/ séu...dâai thêe năi
¿Está el banco abierto ahora?	ตอนนี้ธนาคารเปิดไหม dtorn-née thá-naa-khaan bpèrt măi
¿A qué hora abre?	มันเปิดเมื่อไหร่ man bpèrt mêua rài
¿A qué hora cierra?	มันปิดเมื่อไหร่ man bpìt mêua rài

¿Cuánto cuesta?	เท่าไหร่ thâo rài
¿Cuánto cuesta esto?	อันนี้ราคาเท่าไหร่ an née raa-khaa thâo rài
Es muy caro.	แพงเกินไป phaeng gern bpai
Perdone, ¿dónde está la caja?	ขอโทษ ผม /ฉัน/ จ่ายเงินได้ที่ไหน khŏr thôht · phŏm /chăn/ jàai ngern dâai thêe năi

La cuenta, por favor.	ขอคิดเงินครับ /ค่ะ/ khǒr khít ngern khráp /khâ/
¿Puedo pagar con tarjeta?	ผม /ฉัน/ จ่ายด้วย บัตรเครดิตได้ไหม phǒm /chǎn/ jàai dûay bàt khray-dìt dâai mǎi
¿Hay un cajero por aquí?	ที่นี่มีตู้เอทีเอ็มไหม thêe nêe mee dtôo ay thee em mǎi
Busco un cajero automático.	ผม /ฉัน/ กำลังหา ตู้เอทีเอ็ม phǒm /chǎn/ gam-lang hǎa dtôo ay thee em
Busco una oficina de cambio.	ผม /ฉัน/ กำลังหา ที่แลกเงิน phǒm /chǎn/ gam-lang hǎa thêe lâek ngern
Quisiera cambiar …	ผม /ฉัน/ ต้องการแลก... phǒm /chǎn/ dtôrng gaan lâek…
¿Cuál es el tipo de cambio?	อัตราแลกเปลี่ยนเท่าไหร่ àt-dtraa lâek bplìan thâo rài
¿Necesita mi pasaporte?	คุณต้องการหนังสือเดินทาง ของผม /ฉัน/ ไหม khun dtôrng gaan nǎng-sěu dern-thaang khǒrng phǒm /chǎn/ mǎi

Tiempo

¿Qué hora es?	กี่โมงแล้ว gèe mohng láew
¿Cuándo?	เมื่อไหร่ mêua rài
¿A qué hora?	กี่โมง gèe mohng
ahora | luego | después de …	ตอนนี้ | ทีหลัง | หลังจาก... dtorn-née | thee lǎng | lǎng jàak…

la una	หนึ่งนาฬิกา nèung naa-lí-gaa
la una y cuarto	หนึ่งนาฬิกาสิบห้านาที nèung naa-lí-gaa sìp hâa naa-thee
la una y medio	หนึ่งนาฬิกาสามสิบนาที nèung naa-lí-gaa sǎam sìp naa-thee
las dos menos cuarto	หนึ่งนาฬิกาสี่สิบห้านาที nèung naa-lí-gaa sèe-sìp-hâa naa-thee

una | dos | tres	หนึ่ง | สอง | สาม nèung | sǒrng | sǎam
cuatro | cinco | seis	สี่ | ห้า | หก sèe | hâa | hòk
siete | ocho | nueve	เจ็ด | แปด | เก้า jèt | bpàet | gâo
diez | once | doce	สิบ | สิบเอ็ด | สิบสอง sìp | sìp èt | sìp sǒrng

en …	อีก... èek…
cinco minutos	ห้านาที hâa naa-thee
diez minutos	สิบนาที sìp naa-thee
quince minutos	สิบห้านาที sìp hâa naa-thee
veinte minutos	ยี่สิบนาที yêe sìp naa-thee

media hora	ครึ่งชั่วโมง khrêung chûa mohng
una hora	หนึ่งชั่วโมง nèung chûa mohng
por la mañana	ตอนเช้า dtorn-cháo

por la mañana temprano	แต่เช้า dtàe cháo
esta mañana	วันนี้เวลาเช้า wan née way-laa cháo
mañana por la mañana	พรุ่งนี้เวลาเช้า phrûng-née way-laa cháo

al mediodía	กลางวัน glaang wan
por la tarde	ตอนบ่าย dtorn-bàai
por la noche	ตอนเย็น dtorn-yen
esta noche	คืนนี้ kheun née

por la noche	เที่ยงคืน thîang kheun
ayer	เมื่อวานนี้ mêua waan née
hoy	วันนี้ wan née
mañana	พรุ่งนี้ phrûng-née
pasado mañana	มะรืน má-reun

¿Qué día es hoy?	วันนี้คือวันอะไร wan née kheu wan a-rai
Es ...	วันนี้คือ... wan née kheu…
lunes	วันจันทร์ wan jan
martes	วันอังคาร wan ang-khaan
miércoles	วันพุธ wan phút

jueves	วันพฤหัส wan phá-réu-hàt
viernes	วันศุกร์ wan sùk
sábado	วันเสาร์ wan săo
domingo	วันอาทิตย์ wan aa-thít

Saludos. Presentaciones.

Hola.
สวัสดีครับ /ค่ะ/
sà-wàt-dee khráp /khâ/

Encantado /Encantada/ de conocerle.
ยินดีที่รู้จักครับ /ค่ะ/
yin dee thêe róo jàk khráp /khâ/

Yo también.
เช่นกัน
chên gan

Le presento a …
ผม /ฉัน/ อยากให้คุณพบกับ…
phŏm /chăn/ yàak hâi khun phóp gàp…

Encantado.
ยินดีที่รู้จักครับ /ค่ะ/
yin dee thêe róo jàk khráp /khâ/

¿Cómo está?
เป็นอย่างไรบ้าง
bpen yàang rai bâang

Me llamo …
ผม /ฉัน/ ชื่อ…
phŏm /chăn/ chêu…

Se llama …
เขาชื่อ…
khăo chêu…

Se llama …
เธอชื่อ…
ther chêu…

¿Cómo se llama (usted)?
คุณชื่ออะไร
khun chêu a-rai

¿Cómo se llama (él)?
เขาชื่ออะไร
khăo chêu a-rai

¿Cómo se llama (ella)?
เธอชื่ออะไร
ther chêu a-rai

¿Cuál es su apellido?
นามสกุลของคุณคืออะไร
naam sà-gun khŏrng khun kheu a-rai

Puede llamarme …
คุณเรียกผมว่า…ก็ได้
ครับ /คะ/
khun rîak phŏm wâa…gôr dâai
khráp /khâ/

¿De dónde es usted?
คุณมาจากที่ไหนครับ /คะ/
khun maa jàak thêe năi khráp /khá/

Yo soy de ….
ผม /ฉัน/ มาจาก…
phŏm /chăn/ maa jàak…

¿A qué se dedica?
คุณมีอาชีพอะไรครับ /คะ/
khun mee aa-chêep a-rai khráp /khá/

¿Quién es?
นี่คือใครครับ /คะ/
nêe kheu khrai khráp /khá/

¿Quién es él?
เขาคือใคร
khăo kheu khrai

¿Quién es ella?	เธอคือใคร
	ther kheu khrai
¿Quiénes son?	พวกเขาคือใครครับ /คะ/
	phûak khǎo kheu khrai khráp /khá/

Este es ...	นี่คือ...ครับ /ค่ะ/
	nêe kheu...khráp /khâ/
mi amigo	เพื่อนของผม /ฉัน/
	phêuan khǒrng phǒm /chǎn/
mi amiga	เพื่อนของผม /ฉัน/
	phêuan khǒrng phǒm /chǎn/
mi marido	สามีของฉัน
	sǎa-mee khǒrng chǎn
mi mujer	ภรรยาของผม
	phan-rá-yaa khǒrng phǒm

mi padre	พ่อของผม /ฉัน/
	phôr khǒrng phǒm /chǎn/
mi madre	แม่ของผม /ฉัน/
	mâe khǒrng phǒm /chǎn/
mi hermano	พี่ชายของผม /ฉัน/,
	น้องชายของผม /ฉัน/
	phêe chaai khǒrng phǒm /chǎn/,
	nóng chaai khǒrng phǒm /chǎn/
mi hermana	พี่สาวของผม /ฉัน/,
	น้องสาวของผม /ฉัน/
	phêe sǎao khǒrng phǒm /chǎn/,
	nóng sǎao khǒrng phǒm /chǎn/
mi hijo	ลูกชายของผม /ฉัน/
	lôok chaai khǒrng phǒm /chǎn/
mi hija	ลูกสาวของผม /ฉัน/
	lôok sǎao khǒrng phǒm /chǎn/

Este es nuestro hijo.	นี่คือลูกชายของเรา
	nêe kheu lôok chaai khǒrng rao
Esta es nuestra hija.	นี่คือลูกสาวของเรา
	nêe kheu lôok sǎao khǒrng rao
Estos son mis hijos.	นี่คือลูก ๆ ของผม /ฉัน/
	nêe kheu lôok lôok khǒrng phǒm /chǎn/
Estos son nuestros hijos.	นี่คือลูก ๆ ของเรา
	nêe kheu lôok lôok khǒrng rao

Despedidas

¡Adiós!	ลาก่อนครับ /ค่ะ/! laa gòrn khráp /khâ/
¡Chau!	บาย! baai
Hasta mañana.	พบกันพรุ่งนี้ครับ /ค่ะ/ phóp gan phrûng-née khráp /khâ/
Hasta pronto.	พบกันใหม่ phóp gan mài
Te veo a las siete.	เจอกันตอนเจ็ดโมง jer gan dtorn jèt mohng

¡Que se diviertan!	ขอให้สนุกนะ! khŏr hâi sà-nùk ná
Hablamos más tarde.	แล้วคุยกันทีหลังนะ láew khui gan thee lăng ná
Que tengas un buen fin de semana.	ขอให้มีความสุขมาก,ๆ ในวันหยุดสุดสัปดาห์นี่นะ khŏr hâi mee khwaam sùk mâak mâak nai wan yùt sùt sàp-daa née ná
Buenas noches.	ราตรีสวัสดิ์ครับ /ค่ะ/ raa-dtree sà-wàt khráp /khâ/

Es hora de irme.	ผม /ฉัน/ ต้องไปแล้ว phŏm /chăn/ dtôrng bpai láew
Tengo que irme.	ผม /ฉัน/ ต้องไปแล้ว phŏm /chăn/ dtôrng bpai láew
Ahora vuelvo.	ผม /ฉัน/ จะกลับมาอีก phŏm /chăn/ jà glàp maa èek

Es tarde.	ดึกแล้ว dèuk láew
Tengo que levantarme temprano.	ผม /ฉัน/ ต้องตื่นแต่เช้า phŏm /chăn/ dtôrng dtèun dtàe cháo
Me voy mañana.	ผม /ฉัน/ จะออกจากพรุ่งนี้ phŏm /chăn/ jà òrk jàak phrûng-née
Nos vamos mañana.	เราจะออกจากพรุ่งนี้ rao jà òrk jàak phrûng-née

¡Que tenga un buen viaje!	เที่ยวให้สนุกนะ thîeow hâi sà-nùk ná
Ha sido un placer.	ดีใจที่ได้พบคุณครับ /ค่ะ/ dee jai thêe dâai phóp khun khráp /khâ/

Fue un placer hablar con usted.	ดีใจที่ได้คุย กับคุณครับ /ค่ะ/ dee jai thêe dâai khui gàp khun khráp /khâ/
Gracias por todo.	ขอบคุณสำหรับ ทุกสิ่งครับ /ค่ะ/ khòrp khun sǎm-ràp thúk sìng khráp /khâ/

Lo he pasado muy bien.	ผม /ฉัน/ มีความสนุก phǒm /chǎn/ mee khwaam sà-nùk
Lo pasamos muy bien.	เรามีความสนุก rao mee khwaam sà-nùk
Fue genial.	มันยอดเยี่ยมมากจริง ๆ man yôrt yîam mâak jing jing
Le voy a echar de menos.	ผม /ฉัน/ จะคิดถึงคุณ phǒm /chǎn/ jà khít thěung khun
Le vamos a echar de menos.	เราจะคิดถึงคุณ rao jà khít thěung khun

---

¡Suerte!	โชคดี! chôhk dee
Saludos a …	ฝากสวัสดีให้… fàak sà-wàt-dee hâi

Idioma extranjero

No entiendo.	ผม /ฉัน/ ไม่เข้าใจ phǒm /chǎn/ mâi khâo jai
Escríbalo, por favor.	ขอเขียนให้ดูหน่อย khǒr khǐan hâi doo nòi
¿Habla usted ...?	คุณพูดภาษา...ไหมครับ /คะ/ khun phôot phaa-sǎa...mǎi khráp /khá/

Hablo un poco de ...	ผม /ฉัน/ พูดภาษา... ได้นิดหน่อย phǒm /chǎn/ phôot phaa-sǎa... dâai nít nòi
inglés	ภาษาอังกฤษ phaa-sǎa ang-grìt
turco	ภาษาตุรกี phaa-sǎa dtù-rá-gee
árabe	ภาษาอารบิค phaa-sǎa aa-rá-bìk

francés	ภาษาฝรั่งเศส phaa-sǎa fà-ràng-sàyt
alemán	ภาษาเยอรมัน phaa-sǎa yer-rá-man
italiano	ภาษาอิตาเลี่ยน phaa-sǎa i dtaa lîan

español	ภาษาสเปน phaa-sǎa sà-bpayn
portugués	ภาษาโปรตุเกส phaa-sǎa bproh-dtù-gàyt
chino	ภาษาจีน phaa-sǎa jeen
japonés	ภาษาญี่ปุ่น phaa-sǎa yêe-bpùn

¿Puede repetirlo, por favor?	ขอพูดอีกครั้งหนึ่งครับ /คะ/ khǒr phôot èek khráng nèung khráp /khá/
Lo entiendo.	ผม /ฉัน/ เข้าใจ phǒm /chǎn/ khâo jai
No entiendo.	ผม /ฉัน/ ไม่เข้าใจ phǒm /chǎn/ mâi khâo jai
Hable más despacio, por favor.	ขอพูดช้า ๆ ครับ /ค่ะ/ khǒr phôot cháa cháa khráp /khâ/

¿Está bien?   นี่ถูกต้องไหม
nêe thòok dtôrng măi

¿Qué es esto? (¿Que significa esto?)   นี่คืออะไร
nêe kheu a-rai

Disculpas

Perdone, por favor.   ขอโทษครับ /ค่ะ/
khŏr thôht khráp /khâ/

Lo siento.   ผม /ฉัน/ เสียใจ
phŏm /chăn/ sĭa jai

Lo siento mucho.   ผม /ฉัน/ เสียใจจริง ๆ
phŏm /chăn/ sĭa jai jing jing

Perdón, fue culpa mía.   ขอโทษ นี่เป็นความผิด
ของผม /ฉัน/
khŏr thôht · nêe bpen khwaam phìt
khŏrng phŏm /chăn/

Culpa mía.   นี่เป็นความผิด
ของผม /ฉัน/ เอง
nêe bpen khwaam phìt
khŏrng phŏm /chăn/ ayng

¿Puedo ...?   ผม /ฉัน/... ได้ไหม
phŏm /chăn/... dâai măi

¿Le molesta si ...?   คุณจะรังเกียจไหม
ถ้าผม /ฉัน/ จะ...
khun jà rang gìat măi khráp
thâa phŏm /chăn/ jà...

¡No hay problema! (No pasa nada.)   ไม่เป็นไร
mâi bpen rai

Todo está bien.   ไม่เป็นไร
mâi bpen rai

No se preocupe.   ไม่ต้องเป็นห่วงครับ /ค่ะ/
mâi dtôrng bpen hùang khráp /khâ/

Acuerdos

Sí.
ใช่
châi

Sí, claro.
ใช่ แน่นอน
châi · nâe norn

Bien.
โอเค!
oh khay

Muy bien.
ดีมาก
dee mâak

¡Claro que sí!
แน่นอน!
nâe norn

Estoy de acuerdo.
ผม /ฉัน/ เห็นด้วย
phǒm /chǎn/ hěn dûay

Es verdad.
ถูกต้อง
thòok dtôrng

Es correcto.
ถูกต้อง
thòok dtôrng

Tiene razón.
ถูกต้อง
thòok dtôrng

No me molesta.
ผม /ฉัน/ ไม่ขัดข้อง
phǒm /chǎn/ mâi khàt không

Es completamente cierto.
ถูกต้อง
thòok dtôrng

Es posible.
เป็นไปได้
bpen bpai dâai

Es una buena idea.
นี่เป็นความคิดที่ดี
nêe bpen khwaam khít thêe dee

No puedo decir que no.
ผม /ฉัน/ ปฏิเสธไม่ได้
phǒm /chǎn/ bpà-dtì-sàyt mâi dâai

Estaré encantado /encantada/.
ผม /ฉัน/ จะยินดี
phǒm /chǎn/ jà yin dee

Será un placer.
ด้วยความยินดี
dûay khwaam yin dee

Rechazo. Expresar duda

No.
ไม่ใช่
mâi châi

Claro que no.
ไม่ใช่ แน่
mâi châi· nâe

No estoy de acuerdo.
ผม /ฉัน/ ไม่เห็นด้วย
phŏm /chăn/ mâi hĕn dûay

No lo creo.
ผม /ฉัน/ ไม่คิดอย่างนี้
phŏm /chăn/ mâi khít yàang née

No es verdad.
นี่ไม่เป็นความจริง
nêe mâi bpen khwaam jing

No tiene razón.
คุณผิดไปแล้วครับ /ค่ะ/
khun phìt bpai láew khráp /khâ/

Creo que no tiene razón.
ผม /ฉัน/ คิดว่าคุณผิด
phŏm /chăn/ khít wâa khun phìt

No estoy seguro /segura/.
ผม /ฉัน/ ไม่แน่ใจ
phŏm /chăn/ mâi nâe jai

No es posible.
เป็นไปไม่ได้
bpen bpai mâi dâi

¡Nada de eso!
ไม่มีทาง!
mâi mee thaang

Justo lo contrario.
ตรงกันข้าม
dtrong gan khâam

Estoy en contra de ello.
ผม /ฉัน/ ไม่เห็นด้วย
phŏm /chăn/ mâi hĕn dûay

No me importa. (Me da igual.)
ผม /ฉัน/ ไม่สนใจ
phŏm /chăn/ mâi sŏn jai

No tengo ni idea.
ผม /ฉัน/ ไม่รู้เลย
phŏm /chăn/ mâi róo loie

Dudo que sea así.
ผม /ฉัน/ สงสัย
phŏm /chăn/ sŏng-săi

Lo siento, no puedo.
ขอโทษ ผม /ฉัน/
ไม่ได้ครับ /คะ/
khŏr thôht · phŏm /chăn/
mâi dâai khráp /khâ/

Lo siento, no quiero.
ขอโทษ ผม /ฉัน/ ,
ไม่ตองการครับ /ค่ะ/
khŏr thôht · phŏm /chăn/
mâi dtôrng gaan khráp /khâ/

Gracias, pero no lo necesito.
ขอบคุณ แต่ผม /ฉัน/
ไม่ตองการครับ /ค่ะ/
khòrp khun · dtàe phŏm /chăn/
mâi dtôrng gaan khráp /khâ/

Ya es tarde.

ดึกแล้ว
dèuk láew

Tengo que levantarme temprano.

ผม /ฉัน/ ต้องตื่นแต่เช้า
phŏm /chăn/ dtôrng dtèun dtàe cháo

Me encuentro mal.

ผม /ฉัน/ รู้สึกไม่สบาย
phŏm /chăn/ róo sèuk mâi sà-baai

Expresar gratitud

Gracias.	ขอบคุณครับ /ค่ะ/ khòrp khun khráp /khâ/
Muchas gracias.	ขอบคุณมาก khòrp khun mâak
De verdad lo aprecio.	รู้สึกขอบคุณจริง ๆ róo sèuk khòrp khun jing jing
Se lo agradezco.	ผม /ฉัน/ รู้สึกขอบคุณ จริง ๆ ครับ /ค่ะ/ phǒm /chǎn/ róo sèuk khòrp khun jing jing khráp /khâ/
Se lo agradecemos.	เรารู้สึกขอบคุณ จริง ๆ ครับ /ค่ะ/ rao róo sèuk khòrp khun jing jing khráp /khâ/
Gracias por su tiempo.	ขอบคุณสำหรับเวลา ของคุณครับ /ค่ะ/ khòrp khun sǎm-ràp way-laa khǒrng khun khráp /khâ/
Gracias por todo.	ขอบคุณสำหรับ ทุกสิ่งครับ /ค่ะ/ khòrp khun sǎm-ràp thúk sìng khráp /khâ/
Gracias por ...	ขอบคุณสำหรับ...ครับ /ค่ะ/ khòrp khun sǎm-ràp...khráp /khâ/
su ayuda	ความช่วยเหลือของคุณ khwaam chûay lěua khǒrng khun
tan agradable momento	ช่วงเวลาที่ดี chûang way-laa thêe dee
una comida estupenda	อาหารที่วิเศษ aa hǎan thêe wí-sàyt
una velada tan agradable	ช่วงเวลาเย็นที่ดีเยี่ยม chûang way-laa yen thêe dee yîam
un día maravilloso	วันที่แสนวิเศษ wan thêe sǎen wí-sàyt
un viaje increíble	การเดินทางที่น่าสนใจ gaan dern thaang têe nâa sǒn jai
No hay de qué.	ไม่เป็นไรครับ /ค่ะ/ mâi bpen rai khráp /khâ/
De nada.	ไม่เป็นไรครับ /ค่ะ/ mâi bpen rai khráp /khâ/

Siempre a su disposición.

ม่เป็นไรครับ /ค่ะ/
mâi bpen rai khráp /khâ/

Encantado /Encantada/ de ayudarle.

ยินดีที่ช่วยครับ /ค่ะ/
yin dee thêe chûay khráp /khâ/

No hay de qué.

ไม่เป็นไรครับ /ค่ะ/
mâi bpen rai khráp /khâ/

No tiene importancia.

ไม่เป็นไรครับ /ค่ะ/
mâi bpen rai khráp /khâ/

Felicitaciones , Mejores Deseos

¡Felicidades!	ขอแสดงความยินดี! khǒr sà-daeng khwaam yin-dee
¡Feliz Cumpleaños!	สุขสันต์วันเกิด! sùk-sǎn wan gèrt
¡Feliz Navidad!	สุขสันต์วันคริสต์มาส! sùk-sǎn wan khrít-mâat
¡Feliz Año Nuevo!	สวัสดีปีใหม่! sà-wàt-dee bpee mài

¡Felices Pascuas!	สุขสันต์วันอีสเตอร์! sùk-sǎn wan èet-dtêr
¡Feliz Hanukkah!	สุขสันต์วันฮานุกกะห์! sùk-sǎn wan haa núk-gà

Quiero brindar.	ผม /ฉัน/ อยากจะขอดื่มอวยพร phǒm /chǎn/ yàak jà khǒr dèum uay phon
¡Salud!	ไชโย! chai-yoh
¡Brindemos por ...!	ขอดื่มให้...! khǒr dèum hâi...
¡A nuestro éxito!	ความสำเร็จของเรา! khwaam sǎm-rèt khǒrng rao
¡A su éxito!	ความสำเร็จของคุณ! khwaam sǎm-rèt khǒrng khun

¡Suerte!	โชคดี! chôhk dee
¡Que tenga un buen día!	ขอให้วันนี้เป็นวันที่ดี ครับ /ค่ะ/! khǒr hâi wan née bpen wan thêe dee khráp /khâ/
¡Que tenga unas buenas vacaciones!	ขอให้วันหยุดมีความสุข ครับ /ค่ะ/! khǒr hâi wan yùt mee khwaam sùk khráp /khâ/
¡Que tenga un buen viaje!	ขอให้เดินทางปลอดภัย ครับ /ค่ะ/! khǒr hâi dern thaang bplòrt phai khráp /khâ/
¡Espero que se recupere pronto!	ขอให้คุณหายโดยเร็วครับ /ค่ะ/! khǒr hâi khun hǎai doi reo khráp /khâ/

Socializarse

¿Por qué está triste?	คุณเศร้าทำไม khun sâo tham-mai
¡Sonría! ¡Animese!	ยิ้มเข้าไว้! yím khâo wái
¿Está libre esta noche?	คืนนี้คุณว่างไหม kheun née khun wâang mǎi

¿Puedo ofrecerle algo de beber?	ขอผม /ฉัน/ เลี้ยงเครื่องดื่มให้คุณ khŏr phŏm /chǎn/ líang khrêuang dèum hâi khun
¿Querría bailar conmigo?	คุณอยากเต้นรำไหมครับ khun yàak dtên ram mǎi
Vamos a ir al cine.	ไปดูหนังกันเถอะ bpai doo nǎng gan thùh

¿Puedo invitarle a …?	ขอเชิญคุณไป khŏr chern khun bpai
un restaurante	ร้านอาหาร ráan aa-hǎan
el cine	โรงภาพยนต์ rohng phâa-pha-yon
el teatro	โรงละคร rohng lá-khon
dar una vuelta	ไปเดินเล่น bpai dern lên

¿A qué hora?	กี่โมง gèe mohng
esta noche	คืนนี้ kheun née
a las seis	หกโมง hòk mohng
a las siete	เจ็ดโมง jèt mohng
a las ocho	แปดโมง bpàet mohng
a las nueve	เก้าโมง gâo mohng

¿Le gusta este lugar?	คุณชอบที่นี่ไหม khun chôrp thêe nêe mǎi
¿Está aquí con alguien?	คุณมาที่นี่กับใครหรือเปล่า khun maa thêe nêe gàp khrai rěu bplào

Estoy con mi amigo /amiga/.
ผม /ฉัน/ มากับเพื่อน
ของผม /ฉัน/
phǒm /chǎn/ maa gàp phêuan
khǒrng phǒm /chǎn/

Estoy con amigos.
ผม /ฉัน/ มากับเพื่อน ๆ
ของผม /ฉัน/
phǒm /chǎn/ maa gàp phêuan phêuan
khǒrng phǒm /chǎn/

No, estoy solo /sola/.
ผม /ฉัน/ มาเป็นคนเดียว
phǒm /chǎn/ maa bpen khon dieow

¿Tienes novio?
คุณมีแฟนไหม
khun mee faen mǎi

Tengo novio.
ฉันมีแฟนแล้ว
chǎn mee faen láew

¿Tienes novia?
คุณมีแฟนไหม
khun mee faen mǎi

Tengo novia.
ผมมีแฟนแล้ว
phǒm mee faen láew

¿Te puedo volver a ver?
ผม /ฉัน/ เจอคุณอีกได้ไหม
phǒm /chǎn/ jer khun èek dâai mǎi

¿Te puedo llamar?
ผม /ฉัน/ โทรหาคุณได้ไหม
phǒm /chǎn/ thoh hǎa khun dâai mǎi

Llámame.
แล้วโทรมานะ
láew thoh maa ná

¿Cuál es tu número?
เบอร์คุณคืออะไร
ber khun kheu a-rai

Te echo de menos.
ผม /ฉัน/ คิดถึงคุณ
phǒm /chǎn/ khít thěung khun

¡Qué nombre tan bonito!
ชื่อคุณเพราะครับ
chêu kun phrór khráp

Te quiero.
ผม /ฉัน/ รักคุณ
phǒm /chǎn/ rák khun

¿Te casarías conmigo?
คุณจะแต่งงานกับ
ผม /ฉัน/ ไหม
khun jà dtàeng ngaan gàp
phǒm /chǎn/ mǎi

¡Está de broma!
คุณล้อเล่น!
khun lór lên

Sólo estoy bromeando.
ผม /ฉัน/ แค่ล้อเล่น
phǒm /chǎn/ khâe lór lên

¿En serio?
คุณจริงจังไหมครับ /คะ/
khun jing jang mǎi khráp /khá/

Lo digo en serio.
ผม /ฉัน/ จริงจัง
phǒm /chǎn/ jing jang

¿De verdad?
จริงเหรอ!
jing rěr

¡Es increíble!
ไม่น่าเชื่อ!
mâi nâa chêua

No le creo.

ผม /ฉัน/ ไม่เชื่อคุณ
phŏm /chǎn/ mâi chêua khun

No puedo.

ผม /ฉัน/ ทำไม่ได้
phŏm /chǎn/ tham mâi dâai

No lo sé.

ผม /ฉัน/ ไม่รู้
phŏm /chǎn/ mâi róo

No le entiendo.

ผม /ฉัน/ไม่เข้าใจคุณ
phŏm /chǎn/ mâi khâo jai khun

Váyase, por favor.

กรุณาไปเถอะ
gà-rú-naa bpai thùh

¡Déjeme en paz!

ผม /ฉัน/ ขออยู่คนเดียว
phŏm /chǎn/ khŏr yòo khon dieow

Es inaguantable.

ผม /ฉัน/ ทนเขาไม่ได้
phŏm /chǎn/ ton khǎo mâi dâai

¡Es un asqueroso!

คุณน่ารังเกียจ!
khun nâa rang gìat

¡Llamaré a la policía!

ผม /ฉัน/ จะโทรเรียกตำรวจ!
phŏm /chǎn/ jà thoh rîak dtam-rùat

Compartir impresiones. Emociones

Me gusta.	ผม /ฉัน/ ชอบมันนะ
	phǒm /chǎn/ chôrp man ná
Muy lindo.	ดีมาก
	dee mâak
¡Es genial!	ยอดเยี่ยม!
	yôrt yîam
No está mal.	ไม่เลว
	mâi leo

No me gusta.	ผม /ฉัน/ ไม่ชอบมัน
	phǒm /chǎn/ mâi chôrp man
No está bien.	ไม่ดี
	mâi dee
Está mal.	แย่
	yâe
Está muy mal.	แย่มาก
	yâe mâak
¡Qué asco!	น่ารังเกียจ
	nâa rang gìat

Estoy feliz.	ผม /ฉัน/ มีความสุข
	phǒm /chǎn/ mee khwaam sùk
Estoy contento /contenta/.	ผม /ฉัน/ พอใจ
	phǒm /chǎn/ phor jai
Estoy enamorado /enamorada/.	ผม /ฉัน/ มีความรัก
	phǒm /chǎn/ mee khwaam rák
Estoy tranquilo.	ผม /ฉัน/ สงบ
	phǒm /chǎn/ sà-ngòp
Estoy aburrido.	ผม /ฉัน/ เบื่อ
	phǒm /chǎn/ bèua

Estoy cansado /cansada/.	ผม /ฉัน/ เหนื่อย
	phǒm nèuay /chǎn nèuay/
Estoy triste.	ผม /ฉัน/ เศร้า
	phǒm /chǎn/ sâo
Estoy asustado.	ผม /ฉัน/ กลัว
	phǒm /chǎn/ glua
Estoy enfadado /enfadada/.	ผม /ฉัน/ โกรธ
	phǒm /chǎn/ gròht

Estoy preocupado /preocupada/.	ผม /ฉัน/ กังวล
	phǒm /chǎn/ gang-won
Estoy nervioso /nerviosa/.	ผม /ฉัน/ ประหม่า
	phǒm /chǎn/ bprà-màa

Estoy celoso /celosa/.	**ผม /ฉัน/ อิจฉา** phŏm /chăn/ ìt-chăa
Estoy sorprendido /sorprendida/.	**ผม /ฉัน/ แปลกใจ** phŏm /chăn/ bplàek jai
Estoy perplejo /perpleja/.	**ผม /ฉัน/ งงงวย** phŏm /chăn/ ngong-nguay

Problemas, Accidentes

Tengo un problema.	ผม /ฉัน/ มีปัญหา phŏm /chăn/ mee bpan-hăa
Tenemos un problema.	เรามีปัญหา rao mee bpan-hăa
Estoy perdido /perdida/.	ผม /ฉัน/ หลงทาง phŏm /chăn/ lŏng thaang
Perdí el último autobús (tren).	ผม /ฉัน/ ขาดรถเมล์ (รถไฟ) สุดท้าย phŏm /chăn/ khàat rót mae (rót fai) sùt tháai
No me queda más dinero.	ผม /ฉัน/ ไม่มีเงินเหลือเลย phŏm /chăn/ mâi mee ngern lĕua loie

He perdido …	ผม /ฉัน/ ทำ...ของผม /ฉัน/ หาย phŏm /chăn/ tham…khŏrng phŏm /chăn/ hăai
Me han robado …	มีใครขโมย...ของผม /ฉัน/ ไป mee khrai khà-moi…khŏrng phŏm /chăn/ bpai
mi pasaporte	หนังสือเดินทาง năng-sĕu dern-thaang
mi cartera	กระเป๋าเงิน grà-bpăo ngern
mis papeles	เอกสาร àyk-ka -săan

mi billete	ตั๋ว dtŭa
mi dinero	เงิน ngern
mi bolso	กระเป๋าถือ grà-bpăo thĕu

mi cámara	กล้องถ่ายรูป glôrng thàai rôop
mi portátil	แล็ปท็อป láep-thóp
mi tableta	คอมพิวเตอร์แท็บเล็ต khorm-phiw-dtêr tháep lét
mi teléfono	มือถือ meu thĕu

¡Ayúdeme!	ช่วยด้วยครับ /ค่ะ/! chûay dûay khráp /khâ/
¿Qué pasó?	เกิดอะไรขึ้น gèrt a-rai khêun

el incendio	ไฟไหม้ fai mâi
un tiroteo	การยิง gaan ying
el asesinato	ฆาตกรรม khâat-dtà-gaam
una explosión	การระเบิด gaan rá-bèrt
una pelea	การต่อสู้ gaan dtòr sôo

¡Llame a la policía!	ขอโทรเรียกตำรวจ! khŏr thoh rîak dtam-rùat
¡Más rápido, por favor!	เร็ว ๆ หน่อยครับ /ค่ะ/! reo reo nòi khráp /khâ/
Busco la comisaría.	ผม /ฉัน/ กำลังหา สถานีตำรวจ phŏm /chăn/ gam-lang hăa sà-thăa-nee dtam-rùat
Tengo que hacer una llamada.	ผม /ฉัน/ ต้องการโทร phŏm /chăn/ dtôrng gaan thoh
¿Puedo usar su teléfono?	ผม /ฉัน/ใช้โทรศัพท์ ของคุณได้ไหม phŏm /chăn/ chái thoh-rá-sàp khŏrng khun dâai măi

Me han …	ผม /ฉัน/ ถูก… phŏm /chăn/ thòok…
asaltado /asaltada/	ชิงทรัพย์ ching sáp
robado /robada/	ปล้น bplôn
violada	ข่มขืน khòm khĕun
atacado /atacada/	ซ้อม sóm

¿Se encuentra bien?	คุณเป็นอย่างไรบ้างครับ /คะ/ khun bpen yàang rai bâang khráp /khá/
¿Ha visto quien a sido?	คุณเห็นไหมครับ /คะ/ ว่าเป็นใคร khun hĕn măi khráp /khá/ wâa bpen khrai
¿Sería capaz de reconocer a la persona?	คุณจำหน้าคนร้ายได้ไหม khun jam nâa khon ráai dâai măi
¿Está usted seguro?	คุณแน่ใจไหม khun nâe jai măi
Por favor, cálmese.	กรุณาใจเย็น ๆ ครับ /ค่ะ/ gà-rú-naa jai yen khráp /khâ/

¡Cálmese!

ใจเย็น
jai yen

¡No se preocupe!

ไม่ต้องเป็นห่วง!
mâi dtôrng bpen hùang

Todo irá bien.

ทุกอย่างจะดีขึ้นเอง
thúk yàang jà dee khêun ayng

Todo está bien.

ทุกอย่างเรียบร้อย
thúk yàang rîap rói

Venga aquí, por favor.

ขอมาที่นี่หน่อยครับ /ค่ะ/
khǒr maa thêe nêe nòi khráp /khâ/

Tengo unas preguntas para usted.

ผม /ฉัน/ มีบางคำถาม
phǒm /chǎn/ mee baang kham thǎam

Espere un momento, por favor.

กรุณารอสักครู่ครับ /ค่ะ/
gà-rú-naa ror sàk khrôo khráp /khâ/

¿Tiene un documento de identidad?

คุณมีบัตรประจำตัวอะไรไหม
ครับ /ค่ะ/
khun mee bàt bprà-jam dtua a-rai mǎi
khráp /khá/

Gracias. Puede irse ahora.

ขอบคุณ คุณไปได้แล้ว
khòrp khun · khun bpai dâai láew

¡Manos detrás de la cabeza!

มือขึ้น
meu khêun

¡Está arrestado!

คุณถูกจับแล้ว
khun thòok jàp láew

Problemas de salud

Ayudeme, por favor.	กรุณาช่วยผม /ฉัน/
	gà-rú-naa chûay phǒm /chǎn/
No me encuentro bien.	ผม /ฉัน/ รู้สึกไม่สบาย
	phǒm /chǎn/ róo sèuk mâi sà-baai
Mi marido no se encuentra bien.	สามีของฉันไม่สบาย
	sǎa-mee khǒrng chǎn mâi sà-baai
Mi hijo …	ลูกชายของผม /ฉัน/…
	lôok chaai khǒrng phǒm /chǎn/…
Mi padre …	พ่อของผม /ฉัน/…
	phôr khǒrng phǒm /chǎn/…

Mi mujer no se encuentra bien.	ภรรยาของผมไม่สบาย
	phan-rá-yaa khǒrng phǒm mâi sà-baai
Mi hija …	ลูกสาวของผม /ฉัน/…
	lôok sǎao khǒrng phǒm /chǎn/…
Mi madre …	แม่ของผม /ฉัน/…
	mâe khǒrng phǒm /chǎn/…

Me duele …	ผม /ฉัน/…
	phǒm /chǎn/…
la cabeza	ปวดหัว
	bpùat hǔa
la garganta	เจ็บคอ
	jèp khor
el estómago	ปวดท้อง
	bpùat thórng
un diente	ปวดฟัน
	bpùat fan

Estoy mareado.	ผม /ฉัน/ รู้สึกเวียนหัว
	phǒm /chǎn/ róo sèuk wian hǔa
Él tiene fiebre.	เขามีไข้
	khǎo mee khâi
Ella tiene fiebre.	เธอมีไข้
	ther mee khâi
No puedo respirar.	ผม /ฉัน/ หายใจไม่ออก
	phǒm /chǎn/ hǎai-jai mâi òrk

Me ahogo.	ผม /ฉัน/ หายใจไม่ออก
	phǒm /chǎn/ hǎai-jai mâi òrk
Tengo asma.	ผม /ฉัน/ มีโรคหืด
	phǒm /chǎn/ mee rôhk hèut
Tengo diabetes.	ผม /ฉัน/ มีโรคเบาหวาน
	phǒm /chǎn/ mee rôhk bao wǎan

No puedo dormir.	ผม /ฉัน/ นอนไม่หลับ phǒm /chǎn/ norn mâi làp
intoxicación alimentaria	กินอาหารเป็นพิษ gin aa hǎan bpen phít

Me duele aquí.	เจ็บที่นี่ jèp thêe nêe
¡Ayúdeme!	ขอช่วยครับ /ค่ะ/! khǒr chûay khráp /khâ/
¡Estoy aquí!	ผม /ฉัน/ อยู่ที่นี่ phǒm /chǎn/ yòo thêe nêe
¡Estamos aquí!	เราอยู่ที่นี่ rao yòo thêe nêe
¡Saquenme de aquí!	ขอเอาผม /ฉัน/ ออกไปจากที่นี่ khǒr ao phǒm /chǎn/ òk bpai jàak thêe nêe

Necesito un médico.	ผม /ฉัน/ ต้องไปหาหมอ phǒm /chǎn/ dtôrng bpai hǎa mǒr
No me puedo mover.	ผม /ฉัน/ ขยับไม่ได้ phǒm /chǎn/ khà-yàp mâi dâai
No puedo mover mis piernas.	ผม /ฉัน/ ขยับขาของผม /ฉัน/ ไม่ได phǒm /chǎn/ khà-yàp khǎa khǒrng phǒm /chǎn/ mâi dâai

Tengo una herida.	ผม /ฉัน/ มีแผล phǒm /chǎn/ mee phlǎe
¿Es grave?	อาการหนักไหม aa-gaan nàk mǎi
Mis documentos están en mi bolsillo.	เอกสารของผม /ฉัน/ อยู่ในกระเป๋าของผม /ฉัน/ àyk sǎan khǒrng phǒm /chǎn/ yòo nai grà-bpǎo khǒrng phǒm /chǎn/
¡Cálmese!	ใจเย็น jai yen
¿Puedo usar su teléfono?	ผม /ฉัน/ ใช้โทรศัพท์ ของคุณได้ไหม phǒm /chǎn/ chái thoh-rá-sàp khǒrng khun dâai mǎi

¡Llame a una ambulancia!	ขอโทรเรียกรถพยาบาล! khǒr thoh rîak rót phá-yaa-baan
¡Es urgente!	เรื่องด่วน! rêuang dùan
¡Es una emergencia!	เรื่องฉุกเฉิน rêuang chùk-chěrn
¡Más rápido, por favor!	กรุณารีบด้วยครับ /ค่ะ/! gà-rú-naa rêep dûay khráp /khâ/
¿Puede llamar a un médico, por favor?	ขอโทรเรียกหมอครับ /ค่ะ/ khǒr thoh rîak mǒr khráp /khá/

¿Dónde está el hospital?

โรงพยาบาลอยู่ที่ไหน
rohng phá-yaa-baan yòo thêe năi

¿Cómo se siente?

คุณรู้สึกอย่างไรบ้าง
ครับ /คะ/
khun róo sèuk yàang rai bâang
khráp /khá/

¿Se encuentra bien?

คุณรู้สึกสบายดีไหม
khun róo sèuk sà-baai dee măi

¿Qué pasó?

เกิดอะไรขึ้น
gèrt a-rai khêun

Me encuentro mejor.

ผม /ฉัน/ ดีขึ้นแล้ว
phŏm /chăn/ dee khêun láew

Está bien.

ผม /ฉัน/ สบายดี
phŏm /chăn/ sà-baai dee

Todo está bien.

ไม่เป็นไร
mâi bpen rai

En la farmacia

la farmacia	ร้านขายยา ráan khăai yaa
la farmacia 24 horas	ร้านขายยา 24 ชั่วโมง ráan khăai yaa · yêe sìp sèe · chûa mohng
¿Dónde está la farmacia más cercana?	ร้านขายยาที่ใกล้ ที่สุดอยู่ที่ไหน ráan khăai yaa thêe glâi thêe sùt yòo thêe năi

¿Está abierta ahora?	ตอนนี้มันเปิดไหม dtorn-née man bpèrt măi
¿A qué hora abre?	มันเปิดกี่โมง man bpèrt gèe mohng
¿A qué hora cierra?	มันปิดกี่โมง man bpìt gèe mohng

¿Está lejos?	อยู่ไกลไหม yòo glai măi
¿Puedo llegar a pie?	ผม /ฉัน/ เดินไปที่นั่นได้ไหม phŏm /chăn/ dern bpai thêe nân dâai măi
¿Puede mostrarme en el mapa?	ขอชี้ให้ผม /ฉัน/ ดูในแผนที่ครับ /คะ/ khŏr chée hâi phŏm /chăn/ doo nai phăen thêe khráp /khá/

Por favor, deme algo para …	ช่วยหาอะไรสำหรับอาการ... chûay hăa a-rai săm-ràp aa-gaan...
un dolor de cabeza	ปวดหัว bpùat hŭa
la tos	ไอ ai
el resfriado	เป็นหวัด bpen wàt
la gripe	ไข้หวัด khâi wàt

la fiebre	เป็นไข้ bpen khâi
un dolor de estomago	ปวดท้อง bpùat thórng
nauseas	คลื่นไส้ khlêun sâi

la diarrea	ท้องเสีย
	thórng sǐa
el estreñimiento	ท้องผูก
	thórng phòok

un dolor de espalda	ปวดหลัง
	bpùat lǎng
un dolor de pecho	ปวดหน้าอก
	bpùat nâa òk
el flato	ปวดข้าง
	bpùat khâang
un dolor abdominal	ปวดท้อง
	bpùat thórng

la píldora	ยาเม็ด
	yaa mét
la crema	ครีม
	khreem
el jarabe	น้ำเชื่อม
	náam chêuam
el spray	สเปรย์
	sà-bpray
las gotas	ยาหยอด
	yaa yòrt

Tiene que ir al hospital.	คุณต้องไปโรงพยาบาล
	khun dtôrng bpai rohng phá-yaa-baan
el seguro de salud	ใบประกันสุขภาพ
	bai bprà-gan sùk-khà-pâap
la receta	ใบสั่งยา
	bai sàng yaa
el repelente de insectos	ยากำจัดแมลง
	yaa gam-jàt má-laeng
la curita	ปลาสเตอร์
	pláat-dtêr

Lo más imprescindible

Perdone, …	ขอโทษครับ /ค่ะ/ khŏr thôht khráp /khâ/
Hola.	สวัสดีครับ /สวัสดีค่ะ/ sà-wàt-dee khráp /sà-wàt-dee khâ/
Gracias.	ขอบคุณครับ /ค่ะ/ khòrp khun khráp /khâ/
Sí.	ใช่ châi
No.	ไม่ใช่ mâi châi
No lo sé.	ผม /ฉัน/ ไม่ทราบ phŏm /chăn/ mâi-sâap
¿Dónde?	¿A dónde?	¿Cuándo?	ที่ไหน	ไปที่ไหน	เมื่อไหร่ thêe năi	bpai thêe năi	mêua rài
Necesito …	ผม /ฉัน/ ต้องการ... phŏm /chăn/ dtôrng gaan…
Quiero …	ผม /ฉัน/ ต้องการ... phŏm /chăn/ dtôrng gaan…
¿Tiene …?	คุณมี...ไหมครับ /คะ/ khun mee…măi khráp /khá/
¿Hay … por aquí?	ที่นี่มี...ไหม thêe nêe mee…măi
¿Puedo …?	ผม /ฉัน/ ขออนุญาต... phŏm /chăn/ khŏr a-nú-yâat…
…, por favor? (petición educada)	โปรด... bpròht…
Busco …	ผม /ฉัน/ กำลังหา... phŏm /chăn/ gam-lang hăa…
el servicio	ห้องน้ำ hôrng náam
un cajero automático	เอทีเอ็ม ay thee em
una farmacia	ร้านขายยา ráan khăai yaa
el hospital	โรงพยาบาล rohng phá-yaa-baan
la comisaría	สถานีตำรวจ sà-thăa-nee dtam-rùat
el metro	รถไฟใต้ดิน rót fai dtâi din

un taxi	รถแท็กซี่ rót tháek-sêe
la estación de tren	สถานีรถไฟ sà-thǎa-nee rót fai

Me llamo …	ผม /ฉัน/ ชื่อ... phǒm /chǎn/ chêu…
¿Cómo se llama?	คุณชื่ออะไรครับ /คะ/ khun chêu a-rai khráp /khá/
¿Puede ayudarme, por favor?	ขอช่วยผมหน่อยครับ /ขอช่วยฉันหน่อยคะ/ khǒr chûay phǒm nòi khráp /khǒr chûay chǎn nòi khá/

Tengo un problema.	ผม /ฉัน/ มีปัญหา phǒm /chǎn/ mee bpan-hǎa
Me encuentro mal.	ผม /ฉัน/ รู้สึกไม่สบาย phǒm /chǎn/ róo sèuk mâi sà-baai
¡Llame a una ambulancia!	ขอเรียกรถพยาบาล! khǒr rîak rót phá-yaa-baan
¿Puedo llamar, por favor?	ผม /ฉัน/ โทรศัพท์ได้ไหม phǒm /chǎn/ thoh-rá-sàp dâai mǎi

Lo siento.	ขอโทษ khǒr thôht
De nada.	ไม่เป็นไรครับ /ค่ะ/ mâi bpen rai khráp /khâ/

Yo	ผม /ฉัน/ phǒm /chǎn/
tú	คุณ khun
él	เขา khǎo
ella	เธอ ther
ellos	พวกเขา phûak khǎo
ellas	พวกเขา phûak khǎo
nosotros /nosotras/	เรา rao
ustedes, vosotros	คุณทั้งหลาย khun tháng lǎai
usted	ท่าน thân

ENTRADA	ทางเข้า thaang khâo
SALIDA	ทางออก thaang òrk
FUERA DE SERVICIO	เสีย sǐa

CERRADO	ปิด
	bpìt
ABIERTO	เปิด
	bpèrt
PARA SEÑORAS	สำหรับผู้หญิง
	săm-ràp phôo yǐng
PARA CABALLEROS	สำหรับผู้ชาย
	săm-ràp phôo chaai

VOCABULARIO TEMÁTICO

Esta sección contiene más
de 3.000 de las palabras más
importantes. El diccionario
le proporcionará una ayuda
inestimable mientras viaja al
extranjero, porque las palabras
individuales son a menudo
suficientes para que
le entiendan.
El diccionario incluye una
transcripción adecuada
de cada palabra extranjera

T&P Books Publishing

CONTENIDO
DEL DICCIONARIO

Conceptos básicos	79
Números. Miscelánea	87
Los colores. Las unidades de medida	91
Los verbos más importantes	95
La hora. El calendario	101
El viaje. El hotel	107
El transporte	111
La ciudad	119
La ropa y los accesorios	127
La experiencia diaria	135
Las comidas. El restaurante	143
La información personal. La familia	153
El cuerpo. La medicina	157
El apartamento	167
La tierra. El tiempo	173
La fauna	187
La flora	195
Los países	201

T&P Books Publishing

T&P BOOKS

CONCEPTOS BÁSICOS

1. Los pronombres
2. Saludos. Salutaciones
3. Las preguntas
4. Las preposiciones
5. Las palabras útiles. Los adverbios. Unidad 1
6. Las palabras útiles. Los adverbios. Unidad 2

T&P Books Publishing

1. Los pronombres

tú	คุณ	khun
él	เขา	khǎo
ella	เธอ	ther
ello	มัน	man
nosotros, -as	เรา	rao
vosotros, -as	คุณทั้งหลาย	khun tháng lǎai
Usted	คุณ	khun
Ustedes	คุณทั้งหลาย	khun tháng lǎai
ellos	เขา	khǎo
ellas	เธอ	ther

2. Saludos. Salutaciones

¡Hola! (fam.)	สวัสดี!	sà-wàt-dee
¡Hola! (form.)	สวัสดี ครับ/ค่ะ!	sà-wàt-dee khráp/khâ
¡Buenos días!	อรุณสวัสดี!	a-run sà-wàt
¡Buenas tardes!	สวัสดีตอนบ่าย	sà-wàt-dee dtorn-bàai
¡Buenas noches!	สวัสดีตอนค่ำ	sà-wàt-dee dtorn-khâm
decir hola	ทักทาย	thák thaai
¡Hola! (a un amigo)	สวัสดี!	sà-wàt-dee
saludo (m)	คำทักทาย	kham thák thaai
saludar (vt)	ทักทาย	thák thaai
¿Cómo estáis?	คุณสบายดีไหม?	khun sà-baai dee mǎi
¿Cómo estás?	สบายดีไหม?	sà-baai dee mǎi
¿Qué hay de nuevo?	มีอะไรใหม?	mee à-rai mài
¡Hasta la vista! (form.)	ลาก่อน!	laa gòrn
¡Hasta la vista! (fam.)	บาย!	baai
¡Hasta pronto!	พบกันใหม่	phóp gan mài
¡Adiós! (fam.)	ลาก่อน!	laa gòrn
¡Adiós! (form.)	สวัสดี!	sà-wàt-dee
despedirse (vr)	บอกลา	bòrk laa
¡Hasta luego!	ลาก่อน!	laa gòrn
¡Gracias!	ขอบคุณ!	khòrp khun
¡Muchas gracias!	ขอบคุณมาก!	khòrp khun mâak
De nada	ยินดีช่วย	yin dee chûay
No hay de qué	ไม่เป็นไร	mâi bpen rai
De nada	ไม่เป็นไร	mâi bpen rai

¡Disculpa!	ขอโทษที่!	khŏr thôht thee
¡Disculpe!	ขอโทษ ครับ/ค่ะ!	khŏr thôht khráp / khâ
discular (vt)	ให้อภัย	hâi a-phai
disculparse (vr)	ขอโทษ	khŏr thôht
Mis disculpas	ขอโทษ	khŏr thôht
¡Perdóneme!	ขอโทษ!	khŏr thôht
perdonar (vt)	อภัย	a-phai
¡No pasa nada!	ไม่เป็นไร!	mâi bpen rai
por favor	โปรด	bpròht
¡No se le olvide!	อย่าลืม!	yàa leum
¡Ciertamente!	แน่นอน!	nâe norn
¡Claro que no!	ไม่ใช่แน่!	mâi châi nâe
¡De acuerdo!	โอเค!	oh-khay
¡Basta!	พอแล้ว	phor láew

3. Las preguntas

¿Quién?	ใคร?	khrai
¿Qué?	อะไร?	a-rai
¿Dónde?	ที่ไหน?	thêe năi
¿Adónde?	ที่ไหน?	thêe năi
¿De dónde?	จากที่ไหน?	jàak thêe năi
¿Cuándo?	เมื่อไหร่?	mêua rài
¿Para qué?	ทำไม?	tham-mai
¿Por qué?	ทำไม?	tham-mai
¿Por qué razón?	เพื่ออะไร?	phêua a-rai
¿Cómo?	อย่างไร?	yàang rai
¿Qué ...? (~ color)	อะไร?	a-rai
¿Cuál?	ไหน?	năi
¿A quién?	สำหรับใคร?	săm-ràp khrai
¿De quién? (~ hablan ...)	เกี่ยวกับใคร?	gìeow gàp khrai
¿De qué?	เกี่ยวกับอะไร?	gìeow gàp a-rai
¿Con quién?	กับใคร?	gàp khrai
¿Cuánto? (innum.)	เท่าไหร่?	thâo rài
¿Cuánto? (num.)	กี่...?	gèe...?
¿De quién? (~ es este ...)	ของใคร?	khŏrng khrai

4. Las preposiciones

con ... (~ algn)	กับ	gàp
sin ... (~ azúcar)	ปราศจาก	bpràat-sà-jàak
a ... (p.ej. voy a México)	ไปที่	bpai thêe
de ... (hablar ~)	เกี่ยวกับ	gìeow gàp

antes de ...	ก่อน	gòrn
delante de ...	หน้า	nâa
debajo	ใต้	dtâi
sobre ..., encima de ...	เหนือ	nĕua
en, sobre (~ la mesa)	บน	bon
de (origen)	จาก	jàak
de (fabricado de)	ทำใช้	tham chái
dentro de ...	ใน	nai
encima de ...	ขาม	khâam

5. Las palabras útiles. Los adverbios. Unidad 1

¿Dónde?	ที่ไหน?	thêe năi
aquí (adv)	ที่นี่	thêe nêe
allí (adv)	ที่นั่น	thêe nân
en alguna parte	ที่ใดที่หนึ่ง	thêe dai thêe nèung
en ninguna parte	ไม่มีที่ไหน	mâi mee thêe năi
junto a ...	ข้าง	khâang
junto a la ventana	ข้างหน้าต่าง	khâang nâa dtàang
¿A dónde?	ที่ไหน?	thêe năi
aquí (venga ~)	ที่นี่	thêe nêe
allí (vendré ~)	ที่นั่น	thêe nân
de aquí (adv)	จากที่นี่	jàak thêe nêe
de allí (adv)	จากที่นั่น	jàak thêe nân
cerca (no lejos)	ใกล้	glâi
lejos (adv)	ไกล	glai
cerca de ...	ใกล้	glâi
al lado (de ...)	ใกล้ๆ	glâi glâi
no lejos (adv)	ไม่ไกล	mâi glai
izquierdo (adj)	ซ้าย	sáai
a la izquierda (situado ~)	ข้างซ้าย	khâang sáai
a la izquierda (girar ~)	ซ้าย	sáai
derecho (adj)	ขวา	khwăa
a la derecha (situado ~)	ข้างขวา	khâang kwăa
a la derecha (girar)	ขวา	khwăa
delante (yo voy ~)	ข้างหน้า	khâang nâa
delantero (adj)	หน้า	nâa
adelante (movimiento)	หน้า	nâa
detrás de ...	ข้างหลัง	khâang lăng
desde atrás	จากข้างหลัง	jàak khâang lăng

atrás (da un paso ~)	หลัง	lăng
centro (m), medio (m)	กลาง	glaang
en medio (adv)	ตรงกลาง	dtrorng glaang
de lado (adv)	ข้าง	khâang
en todas partes	ทุกที่	thúk thêe
alrededor (adv)	รอบ	rôrp
de dentro (adv)	จากข้างใน	jàak khâang nai
a alguna parte	ที่ไหน	thêe năi
todo derecho (adv)	ตรงไป	dtrorng bpai
atrás (muévelo para ~)	กลับ	glàp
de alguna parte (adv)	จากที่ใด	jàak thêe dai
no se sabe de dónde	จากที่ใด	jàak thêe dai
primero (adv)	ข้อที่หนึ่ง	khôr thêe nèung
segundo (adv)	ข้อที่สอง	khôr thêe sŏrng
tercero (adv)	ขอที่สาม	khôr thêe săam
de súbito (adv)	ในทันที	nai than thee
al principio (adv)	ตอนแรก	dtorn-râek
por primera vez	เป็นครั้งแรก	bpen khráng râek
mucho tiempo antes ...	นานก่อน	naan gòrn
de nuevo (adv)	ใหม่	mài
para siempre (adv)	ให้จบสิ้น	hâi jòp sîn
jamás, nunca (adv)	ไม่เคย	mâi khoie
de nuevo (adv)	อีกครั้งหนึ่ง	èek khráng nèung
ahora (adv)	ตอนนี้	dtorn-née
frecuentemente (adv)	บอย	bòi
entonces (adv)	เวลานั้น	way-laa nán
urgentemente (adv)	อย่างเร่งด่วน	yàang râyng dùan
usualmente (adv)	มักจะ	mák jà
a propósito, ...	อนึ่ง	à-nèung
es probable	เป็นไปได้	bpen bpai dâai
probablemente (adv)	อาจจะ	àat jà
tal vez	อาจจะ	àat jà
además ...	นอกจากนั้น...	nôrk jàak nán...
por eso ...	นั้นเป็นเหตุผลที่...	nân bpen hàyt phŏn thêe...
a pesar de ...	แม้ว่า...	máe wâa...
gracias a ...	เนื่องจาก...	nêuang jàak...
qué (pron)	อะไร	a-rai
que (conj)	ที่	thêe
algo (~ le ha pasado)	อะไร	a-rai
algo (~ así)	อะไรก็ตาม	a-rai gôr dtaam
nada (f)	ไม่มีอะไร	mâi mee a-rai
quien	ใคร	khrai
alguien (viene ~)	บางคน	baang khon

alguien (¿ha llamado ~?)	บางคน	baang khon
nadie	ไม่มีใคร	mâi mee khrai
a ninguna parte	ไม่ไปไหน	mâi bpai năi
de nadie	ไม่เป็นของ ของใคร	mâi bpen khŏrng khŏrng khrai
de alguien	ของคนหนึ่ง	khŏrng khon nèung
tan, tanto (adv)	มาก	mâak
también (~ habla francés)	ด้วย	dûay
también (p.ej. Yo ~)	ด้วย	dûay

6. Las palabras útiles. Los adverbios. Unidad 2

¿Por qué?	ทำไม?	tham-mai
no se sabe porqué	เพราะเหตุผลอะไร	phrór hàyt phŏn à-rai
porque ...	เพราะว่า...	phrór wâa
por cualquier razón (adv)	ด้วยจุดประสงค์อะไร	dûay jùt bprà-sŏng a-rai
y (p.ej. uno y medio)	และ	láe
o (p.ej. té o café)	หรือ	rĕu
pero (p.ej. me gusta, ~)	แต่	dtàe
para (p.ej. es para ti)	สำหรับ	săm-ràp
demasiado (adv)	เกินไป	gern bpai
sólo, solamente (adv)	เท่านั้น	thâo nán
exactamente (adv)	ตรง	dtrorng
unos ..., cerca de ... (~ 10 kg)	ประมาณ	bprà-maan
aproximadamente	ประมาณ	bprà-maan
aproximado (adj)	ประมาณ	bprà-maan
casi (adv)	เกือบ	gèuap
resto (m)	ที่เหลือ	thêe lĕua
el otro (adj)	อีก	èek
otro (p.ej. el otro día)	อื่น	èun
cada (adj)	ทุก	thúk
cualquier (adj)	ใดๆ	dai dai
mucho (innum.)	มาก	mâak
mucho (num.)	หลาย	lăi
muchos (mucha gente)	หลายคน	lăi khon
todos	ทุกๆ	thúk thúk
a cambio de ...	ที่จะเปลี่ยนเป็น	thêe jà bplìan bpen
en cambio (adv)	แทน	thaen
a mano (hecho ~)	ใช้มือ	chái meu
poco probable	แทบจะไม่	thâep jà mâi
probablemente	อาจจะ	àat jà
a propósito (adv)	โดยเจตนา	doi jàyt-dtà-naa

por accidente (adv)	บังเอิญ	bang-ern
muy (adv)	มาก	mâak
por ejemplo (adv)	ยกตัวอย่าง	yók dtua yàang
entre (~ nosotros)	ระหว่าง	rá-wàang
entre (~ otras cosas)	ทามกลาง	tâam-glaang
tanto (~ gente)	มากมาย	mâak maai
especialmente (adv)	โดยเฉพาะ	doi chà-phór

NÚMEROS. MISCELÁNEA

7. Números cardinales. Unidad 1
8. Números cardinales. Unidad 2
9. Números ordinales

T&P Books Publishing

cero	ศูนย์	sǒon
uno	หนึ่ง	nèung
dos	สอง	sǒrng
tres	สาม	sǎam
cuatro	สี่	sèe
cinco	ห้า	hâa
seis	หก	hòk
siete	เจ็ด	jèt
ocho	แปด	bpàet
nueve	เก้า	gâo
diez	สิบ	sìp
once	สิบเอ็ด	sìp èt
doce	สิบสอง	sìp sǒrng
trece	สิบสาม	sìp sǎam
catorce	สิบสี่	sìp sèe
quince	สิบห้า	sìp hâa
dieciséis	สิบหก	sìp hòk
diecisiete	สิบเจ็ด	sìp jèt
dieciocho	สิบแปด	sìp bpàet
diecinueve	สิบเก้า	sìp gâo
veinte	ยี่สิบ	yêe sìp
veintiuno	ยี่สิบเอ็ด	yêe sìp èt
veintidós	ยี่สิบสอง	yêe sìp sǒrng
veintitrés	ยี่สิบสาม	yêe sìp sǎam
treinta	สามสิบ	sǎam sìp
treinta y uno	สามสิบเอ็ด	sǎam-sìp-èt
treinta y dos	สามสิบสอง	sǎam-sìp-sǒrng
treinta y tres	สามสิบสาม	sǎam-sìp-sǎam
cuarenta	สี่สิบ	sèe sìp
cuarenta y uno	สี่สิบเอ็ด	sèe-sìp-èt
cuarenta y dos	สี่สิบสอง	sèe-sìp-sǒrng
cuarenta y tres	สี่สิบสาม	sèe-sìp-sǎam
cincuenta	ห้าสิบ	hâa sìp
cincuenta y uno	ห้าสิบเอ็ด	hâa-sìp-èt
cincuenta y dos	ห้าสิบสอง	hâa-sìp-sǒrng
cincuenta y tres	หาสิบสาม	hâa-sìp-sǎam
sesenta	หกสิบ	hòk sìp

sesenta y uno	หกสิบเอ็ด	hòk-sìp-èt
sesenta y dos	หกสิบสอง	hòk-sìp-sǒrng
sesenta y tres	หกสิบสาม	hòk-sìp-sǎam
setenta	เจ็ดสิบ	jèt sìp
setenta y uno	เจ็ดสิบเอ็ด	jèt-sìp-èt
setenta y dos	เจ็ดสิบสอง	jèt-sìp-sǒrng
setenta y tres	เจ็ดสิบสาม	jèt-sìp-sǎam
ochenta	แปดสิบ	bpàet sìp
ochenta y uno	แปดสิบเอ็ด	bpàet-sìp-èt
ochenta y dos	แปดสิบสอง	bpàet-sìp-sǒrng
ochenta y tres	แปดสิบสาม	bpàet-sìp-sǎam
noventa	เก้าสิบ	gâo sìp
noventa y uno	เก้าสิบเอ็ด	gâo-sìp-èt
noventa y dos	เก้าสิบสอง	gâo-sìp-sǒrng
noventa y tres	เกาสิบสาม	gâo-sìp-sǎam

8. Números cardinales. Unidad 2

cien	หนึ่งร้อย	nèung rói
doscientos	สองร้อย	sǒrng rói
trescientos	สุมร้อย	sǎam rói
cuatrocientos	สี่ร้อย	sèe rói
quinientos	หาร้อย	hâa rói
seiscientos	หกร้อย	hòk rói
setecientos	เจ็ดร้อย	jèt rói
ochocientos	แปดร้อย	bpàet rói
novecientos	เการ้อย	gâo rói
mil	หนึ่งพัน	nèung phan
dos mil	สองพัน	sǒrng phan
tres mil	สามพัน	sǎam phan
diez mil	หนึ่งหมื่น	nèung mèun
cien mil	หนึ่งแสน	nèung sǎen
millón (m)	ลาน	láan
mil millones	พันลาน	phan láan

9. Números ordinales

primero (adj)	แรก	râek
segundo (adj)	ที่สอง	thêe sǒrng
tercero (adj)	ที่สาม	thêe sǎam
cuarto (adj)	ที่สี่	thêe sèe
quinto (adj)	ที่หา	thêe hâa
sexto (adj)	ที่หก	thêe hòk

séptimo (adj)	ที่เจ็ด	thêe jèt
octavo (adj)	ที่แปด	thêe bpàet
noveno (adj)	ที่เก้า	thêe gâo
décimo (adj)	ที่สิบ	thêe sìp

T&P BOOKS

LOS COLORES.
LAS UNIDADES DE MEDIDA

10. Los colores
11. Las unidades de medida
12. Contenedores

T&P Books Publishing

color (m)	สี	sĕe
matiz (m)	สีอ่อน	sĕe òrn
tono (m)	สีสัน	sĕe săn
arco (m) iris	สายรุ้ง	săai rúng
blanco (adj)	สีขาว	sĕe khăao
negro (adj)	สีดำ	sĕe dam
gris (adj)	สีเทา	sĕe thao
verde (adj)	สีเขียว	sĕe khĭeow
amarillo (adj)	สีเหลือง	sĕe lĕuang
rojo (adj)	สีแดง	sĕe daeng
azul (adj)	สีน้ำเงิน	sĕe nám ngern
azul claro (adj)	สีฟ้า	sĕe fáa
rosa (adj)	สีชมพู	sĕe chom-poo
naranja (adj)	สีสม	sĕe sôm
violeta (adj)	สีม่วง	sĕe mûang
marrón (adj)	สีน้ำตาล	sĕe nám dtaan
dorado (adj)	สีทอง	sĕe thorng
argentado (adj)	สีเงิน	sĕe ngern
beige (adj)	สีน้ำตาลอ่อน	sĕe nám dtaan òrn
crema (adj)	สีครีม	sĕe khreem
turquesa (adj)	สีเขียวแกม น้ำเงิน	sĕe khĭeow gaem náam ngern
rojo cereza (adj)	สีแดงเชอร์รี่	sĕe daeng cher-rêe
lila (adj)	สีม่วงอ่อน	sĕe mûang-òrn
carmesí (adj)	สีแดงเขม	sĕe daeng khâym
claro (adj)	อ่อน	òrn
oscuro (adj)	แก	gàe
vivo (adj)	สด	sòt
de color (lápiz ~)	สี	sĕe
en colores (película ~)	สี	sĕe
blanco y negro (adj)	ขาวดำ	khăao-dam
unicolor (adj)	สีเดียว	sĕe dieow
multicolor (adj)	หลากสี	làak sĕe

11. Las unidades de medida

peso (m)	น้ำหนัก	nám nàk
longitud (f)	ความยาว	khwaam yaao
anchura (f)	ความกว้าง	khwaam gwâang
altura (f)	ความสูง	khwaam sǒong
profundidad (f)	ความลึก	khwaam léuk
volumen (m)	ปริมาณ	bpà-rí-maan
área (f)	บริเวณ	bor-rí-wayn
gramo (m)	กรัม	gram
miligramo (m)	มิลลิกรัม	min-lí gram
kilogramo (m)	กิโลกรัม	gì-loh gram
tonelada (f)	ตัน	dtan
libra (f)	ปอนด์	bporn
onza (f)	ออนซ์	orn
metro (m)	เมตร	máyt
milímetro (m)	มิลลิเมตร	min-lí mâyt
centímetro (m)	เซ็นติเมตร	sen dtì mâyt
kilómetro (m)	กิโลเมตร	gì-loh máyt
milla (f)	ไมล์	mai
pulgada (f)	นิ้ว	níw
pie (m)	ฟุต	fút
yarda (f)	หลา	lǎa
metro (m) cuadrado	ตารางเมตร	dtaa-raang máyt
hectárea (f)	เฮกตาร์	hêek dtaa
litro (m)	ลิตร	lít
grado (m)	องศา	ong-sǎa
voltio (m)	โวลต์	wohn
amperio (m)	แอมแปร์	aem-bpae
caballo (m) de fuerza	แรงม้า	raeng máa
cantidad (f)	จำนวน	jam-nuan
un poco de …	นิดหน่อย	nít nói
mitad (f)	ครึ่ง	khrêung
docena (f)	โหล	lǒh
pieza (f)	สวน	sùan
dimensión (f)	ขนาด	khà-nàat
escala (f) (del mapa)	มาตราส่วน	mâat-dtraa sùan
mínimo (adj)	น้อยที่สุด	nói thêe sùt
el más pequeño (adj)	เล็กที่สุด	lék thêe sùt
medio (adj)	กลาง	glaang
máximo (adj)	สูงสุด	sǒong sùt
el más grande (adj)	ใหญ่ที่สุด	yài têe sùt

12. Contenedores

tarro (m) de vidrio	ขวดโหล	khùat lŏh
lata (f)	กระป๋อง	grà-bpŏrng
cubo (m)	ถัง	thăng
barril (m)	ถัง	thăng
palangana (f)	กะทะ	gà-thá
tanque (m)	ถังเก็บน้ำ	thăng gèp nám
petaca (f) (de alcohol)	กระติกน้ำ	grà-dtìk nám
bidón (m) de gasolina	ภาชนะ	phaa-chá-ná
cisterna (f)	ถังบรรจุ	thăng ban-jù
taza (f) (mug de cerámica)	แก้ว	gâew
taza (f) (~ de café)	ถวย	thûay
platillo (m)	จานรอง	jaan rorng
vaso (m) (~ de agua)	แก้ว	gâew
copa (f) (~ de vino)	แก้วไวน์	gâew wai
olla (f)	หมอ	môr
botella (f)	ขวด	khùat
cuello (m) de botella	ปาก	bpàak
garrafa (f)	คนโท	khon-thoh
jarro (m) (~ de agua)	เหยือก	yèuak
recipiente (m)	ภาชนะ	phaa-chá-ná
tarro (m)	หมอ	môr
florero (m)	แจกัน	jae-gan
frasco (m) (~ de perfume)	กระติก	grà-dtìk
frasquito (m)	ขวดเล็ก	khùat lék
tubo (m)	หลอด	lòrt
saco (m) (~ de azúcar)	ถุง	thŭng
bolsa (f) (~ plástica)	ถุง	thŭng
paquete (m) (~ de cigarrillos)	ซอง	sorng
caja (f)	กล่อง	glòrng
cajón (m) (~ de madera)	ลัง	lang
cesta (f)	ตะกร้า	dtà-grâa

LOS VERBOS MÁS IMPORTANTES

13. Los verbos más importantes.
    Unidad 1
14. Los verbos más importantes.
    Unidad 2
15. Los verbos más importantes.
    Unidad 3
16. Los verbos más importantes.
    Unidad 4

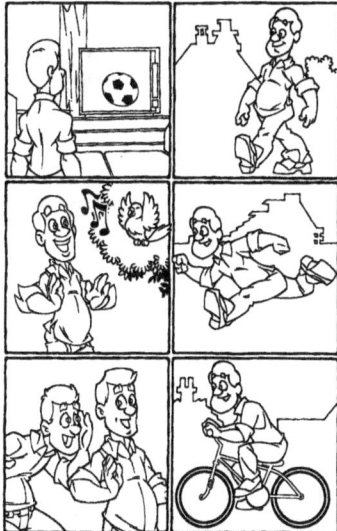

T&P Books Publishing

abrir (vt)	เปิด	bpèrt
acabar, terminar (vt)	จบ	jòp
aconsejar (vt)	แนะนำ	náe nam
adivinar (vt)	คาดเดา	khâat dao
advertir (vt)	เตือน	dteuan
alabarse, jactarse (vr)	โอ้อวด	ôh ùat
almorzar (vi)	ทานอาหารเที่ยง	thaan aa-hǎan thîang
alquilar (~ una casa)	เช่า	châo
amenazar (vt)	ขู่	khòo
arrepentirse (vr)	เสียใจ	sǐa jai
ayudar (vt)	ช่วย	chûay
bañarse (vr)	ไปว่ายน้ำ	bpai wâai náam
bromear (vi)	ล้อเล่น	lór lên
buscar (vt)	หา	hǎa
caer (vi)	ตก	dtòk
callarse (vr)	นิ่งเงียบ	nîng ngîap
cambiar (vt)	เปลี่ยน	bplìan
castigar, punir (vt)	ลงโทษ	long thôht
cavar (vt)	ขุด	khùt
cazar (vi, vt)	ล่า	lâa
cenar (vi)	ทานอาหารเย็น	thaan aa-hǎan yen
cesar (vt)	หยุด	yùt
coger (vt)	จับ	jàp
comenzar (vt)	เริ่ม	rêrm
comparar (vt)	เปรียบเทียบ	bprìap thîap
comprender (vt)	เข้าใจ	khâo jai
confiar (vt)	เชื่อ	chêua
confundir (vt)	สับสน	sàp sǒn
conocer (~ a alguien)	รู้จัก	róo jàk
contar (vt) (enumerar)	นับ	náp
contar con …	พึ่งพา	phêung phaa
continuar (vt)	ทำต่อไป	tham dtòr bpai
controlar (vt)	ควบคุม	khûap khum
correr (vi)	วิ่ง	wîng
costar (vt)	ราคา	raa-khaa
crear (vt)	สร้าง	sâang

14. Los verbos más importantes. Unidad 2

dar (vt)	ให้	hâi
dar una pista	บอกใบ้	bòrk bâi
decir (vt)	บอก	bòrk
decorar (para la fiesta)	ประดับ	bprà-dàp
defender (vt)	ปกป้อง	bpòk bpôrng
dejar caer	ทิ้งให้ตก	thíng hâi dtòk
desayunar (vi)	ทานอาหารเช้า	thaan aa-hăan cháo
descender (vi)	ลง	long
dirigir (administrar)	บริหาร	bor-rí-hăan
disculpar (vt)	ให้อภัย	hâi a-phai
disculparse (vr)	ขอโทษ	khŏr thôht
discutir (vt)	หารือ	hăa-reu
dudar (vt)	สงสัย	sŏng-săi
encontrar (hallar)	พบ	phóp
engañar (vi, vt)	หลอก	lòrk
entrar (vi)	เข้า	khâo
enviar (vt)	ส่ง	sòng
equivocarse (vr)	ทำผิด	tham phìt
escoger (vt)	เลือก	lêuak
esconder (vt)	ซ่อน	sôrn
escribir (vt)	เขียน	khĭan
esperar (aguardar)	รอ	ror
esperar (tener esperanza)	หวัง	wăng
estar de acuerdo	เห็นด้วย	hĕn dûay
estudiar (vt)	เรียน	rian
exigir (vt)	เรียกร้อง	rîak rórng
existir (vi)	มีอยู่	mee yòo
explicar (vt)	อธิบาย	à-thí-baai
faltar (a las clases)	พลาด	phlâat
firmar (~ el contrato)	ลงนาม	long naam
girar (~ a la izquierda)	เลี้ยว	líeow
gritar (vi)	ตะโกน	dtà-gohn
guardar (conservar)	รักษา	rák-săa
gustar (vi)	ชอบ	chôrp
hablar (vi, vt)	พูด	phôot
hacer (vt)	ทำ	tham
informar (vt)	แจ้ง	jâeng
insistir (vi)	ยืนยัน	yeun yan
insultar (vt)	ดูถูก	doo thòok
interesarse (vr)	สนใจใน	sŏn jai nai
invitar (vt)	เชิญ	chern

ir (a pie)	ไป	bpai
jugar (divertirse)	เล่น	lên

15. Los verbos más importantes. Unidad 3

leer (vi, vt)	อ่าน	àan
liberar (ciudad, etc.)	ปลดปล่อย	bplòt bplòi
llamar (por ayuda)	เรียก	rîak
llegar (vi)	มา	maa
llorar (vi)	ร้องไห้	rórng hâi
matar (vt)	ฆ่า	khâa
mencionar (vt)	กล่าวถึง	glàao thěung
mostrar (vt)	แสดง	sà-daeng
nadar (vi)	ว่ายน้ำ	wâai náam
negarse (vr)	ปฏิเสธ	bpà-dtì-sàyt
objetar (vt)	ค้าน	kháan
observar (vt)	สังเกตการณ์	sǎng-gàyt gaan
oír (vt)	ได้ยิน	dâai yin
olvidar (vt)	ลืม	leum
orar (vi)	ภาวนา	phaa-wá-naa
ordenar (mil.)	สั่งการ	sàng gaan
pagar (vi, vt)	จ่าย	jàai
pararse (vr)	หยุด	yùt
participar (vi)	มีส่วนร่วม	mee sùan rûam
pedir (ayuda, etc.)	ขอ	khǒr
pedir (en restaurante)	สั่ง	sàng
pensar (vi, vt)	คิด	khít
percibir (ver)	สังเกต	sǎng-gàyt
perdonar (vt)	ให้อภัย	hâi a-phai
permitir (vt)	อนุญาต	a-nú-yâat
pertenecer a …	เป็นของของ…	bpen khǒrng khǒrng…
planear (vt)	วางแผน	waang phǎen
poder (v aux)	สามารถ	sǎa-mâat
poseer (vt)	เป็นเจ้าของ	bpen jâo khǒrng
preferir (vt)	ชอบ	chôrp
preguntar (vt)	ถาม	thǎam
preparar (la cena)	ทำอาหาร	tham aa-hǎan
prever (vt)	คาดหวัง	khâat wǎng
probar, tentar (vt)	พยายาม	phá-yaa-yaam
prometer (vt)	สัญญา	sǎn-yaa
pronunciar (vt)	ออกเสียง	òrk sǐang
proponer (vt)	เสนอ	sà-něr
quebrar (vt)	แตก	dtàek

quejarse (vr)	บ่น	bòn
querer (amar)	รัก	rák
querer (desear)	ต้องการ	dtôrng gaan

16. Los verbos más importantes. Unidad 4

recomendar (vt)	แนะนำ	náe nam
regañar, reprender (vt)	ดุด่า	dù dàa
reírse (vr)	หัวเราะ	hǔa rór
repetir (vt)	ซ้ำ	sám
reservar (~ una mesa)	จอง	jorng
responder (vi, vt)	ตอบ	dtòrp

robar (vt)	ขโมย	khà-moi
saber (~ algo mas)	รู้	róo
salir (vi)	ออกไป	òrk bpai
salvar (vt)	กู้	gôo
seguir ...	ไปตาม...	bpai dtaam...
sentarse (vr)	นั่ง	nâng

ser necesario	ต้องการ	dtôrng gaan
ser, estar (vi)	เป็น	bpen
significar (vt)	หมาย	mǎai
sonreír (vi)	ยิ้ม	yím
sorprenderse (vr)	ประหลาดใจ	bprà-làat jai

subestimar (vt)	ดูถูก	doo thòok
tener (vt)	มี	mee
tener hambre	หิว	hǐw
tener miedo	กลัว	glua

tener prisa	รีบ	rêep
tener sed	กระหายน้ำ	grà-hǎai náam
tirar, disparar (vi)	ยิง	ying
tocar (con las manos)	แตะต้อง	dtàe dtôrng
tomar (vt)	เอา	ao
tomar nota	จด	jòt

trabajar (vi)	ทำงาน	tham ngaan
traducir (vt)	แปล	bplae
unir (vt)	สมาน	sà-mǎan
vender (vt)	ขาย	khǎai
ver (vt)	เห็น	hěn
volar (pájaro, avión)	บิน	bin

BOOKS

T&P

LA HORA. EL CALENDARIO

17. Los días de la semana
18. Las horas. El día y la noche
19. Los meses. Las estaciones

T&P Books Publishing

lunes (m)	วันจันทร์	wan jan
martes (m)	วันอังคาร	wan ang-khaan
miércoles (m)	วันพุธ	wan phút
jueves (m)	วันพฤหัสบดี	wan phá-réu-hàt-sà-bor-dee
viernes (m)	วันศุกร์	wan sùk
sábado (m)	วันเสาร์	wan săo
domingo (m)	วันอาทิตย์	wan aa-thít
hoy (adv)	วันนี้	wan née
mañana (adv)	พรุ่งนี้	phrûng-née
pasado mañana	วันมะรืนนี้	wan má-reun née
ayer (adv)	เมื่อวานนี้	mêua waan née
anteayer (adv)	เมื่อวานซืนนี้	mêua waan-seun née
día (m)	วัน	wan
día (m) de trabajo	วันทำงาน	wan tham ngaan
día (m) de fiesta	วันนักขัตฤกษ์	wan nák-khàt-rêrk
día (m) de descanso	วันหยุด	wan yùt
fin (m) de semana	วันสุดสัปดาห์	wan sùt sàp-daa
todo el día	ทั้งวัน	tháng wan
al día siguiente	วันรุ่งขึ้น	wan rûng khêun
dos días atrás	สองวันก่อน	sŏrng wan gòrn
en vísperas (adv)	วันก่อนหน้านี้	wan gòrn nâa née
diario (adj)	รายวัน	raai wan
cada día (adv)	ทุกวัน	thúk wan
semana (f)	สัปดาห์	sàp-daa
semana (f) pasada	สัปดาห์ก่อน	sàp-daa gòrn
semana (f) que viene	สัปดาห์หน้า	sàp-daa nâa
semanal (adj)	รายสัปดาห์	raai sàp-daa
cada semana (adv)	ทุกสัปดาห์	thúk sàp-daa
2 veces por semana	สัปดาห์ละสองครั้ง	sàp-daa lá sŏrng khráng
todos los martes	ทุกวันอังคาร	túk wan ang-khaan

mañana (f)	เช้า	cháo
por la mañana	ตอนเช้า	dtorn cháo
mediodía (m)	เที่ยงวัน	thîang wan
por la tarde	ตอนบาย	dtorn bàai

noche (f)	เย็น	yen
por la noche	ตอนเย็น	dtorn yen
noche (f) (p.ej. 2:00 a.m.)	คืน	kheun
por la noche	กลางคืน	glaang kheun
medianoche (f)	เที่ยงคืน	thîang kheun

segundo (m)	วินาที	wí-naa-thee
minuto (m)	นาที	naa-thee
hora (f)	ชั่วโมง	chûa mohng
media hora (f)	ครึ่งชั่วโมง	khrêung chûa mohng
cuarto (m) de hora	สิบห้านาที	sìp hâa naa-thee
quince minutos	สิบห้านาที	sìp hâa naa-thee
veinticuatro horas	24 ชั่วโมง	yêe sìp sèe · chûa mohng

salida (f) del sol	พระอาทิตย์ขึ้น	phrá aa-thít khêun
amanecer (m)	ใกล้รุ่ง	glâi rûng
madrugada (f)	เช้า	cháo
puesta (f) del sol	พระอาทิตย์ตก	phrá aa-thít dtòk

de madrugada	ตอนเช้า	dtorn cháo
esta mañana	เช้านี้	cháo née
mañana por la mañana	พรุ่งนี้เช้า	phrûng-née cháo

esta tarde	บ่ายนี้	bàai née
por la tarde	ตอนบ่าย	dtorn bàai
mañana por la tarde	พรุ่งนี้บ่าย	phrûng-née bàai

| esta noche (p.ej. 8:00 p.m.) | คืนนี้ | kheun née |
| mañana por la noche | คืนพรุ่งนี้ | kheun phrûng-née |

a las tres en punto	3 โมงตรง	sǎam mohng dtrorng
a eso de las cuatro	ประมาณ 4 โมง	bprà-maan sèe mohng
para las doce	ภายใน 12 โมง	phaai nai sìp sǒng mohng

dentro de veinte minutos	อีก 20 นาที	èek yêe sìp naa-thee
dentro de una hora	อีกหนึ่งชั่วโมง	èek nèung chûa mohng
a tiempo (adv)	ทันเวลา	than way-laa

... menos cuarto	อีกสิบห้านาที	èek sìp hâa naa-thee
durante una hora	ภายในหนึ่งชั่วโมง	phaai nai nèung chûa mohng
cada quince minutos	ทุก 15 นาที	thúk sìp hâa naa-thee
día y noche	ทั้งวัน	tháng wan

19. Los meses. Las estaciones

enero (m)	มกราคม	mók-gà-raa khom
febrero (m)	กุมภาพันธ์	gum-phaa phan
marzo (m)	มีนาคม	mee-naa khom

abril (m)	เมษายน	may-sǎa-yon
mayo (m)	พฤษภาคม	phréut-sà-phaa khom
junio (m)	มิถุนายน	mí-thù-naa-yon

julio (m)	กรกฎาคม	gà-rá-gà-daa-khom
agosto (m)	สิงหาคม	sǐng hǎa khom
septiembre (m)	กันยายน	gan-yaa-yon
octubre (m)	ตุลาคม	dtù-laa khom
noviembre (m)	พฤศจิกายน	phréut-sà-jì-gaa-yon
diciembre (m)	ธันวาคม	than-waa khom

primavera (f)	ฤดูใบไม้ผลิ	réu-doo bai máai phlì
en primavera	ฤดูใบไม้ผลิ	réu-doo bai máai phlì
de primavera (adj)	ฤดูใบไม้ผลิ	réu-doo bai máai phlì

verano (m)	ฤดูร้อน	réu-doo rórn
en verano	ฤดูร้อน	réu-doo rórn
de verano (adj)	ฤดูร้อน	réu-doo rórn

otoño (m)	ฤดูใบไม้ร่วง	réu-doo bai máai rûang
en otoño	ฤดูใบไม้ร่วง	réu-doo bai máai rûang
de otoño (adj)	ฤดูใบไม้ร่วง	réu-doo bai máai rûang

invierno (m)	ฤดูหนาว	réu-doo nǎao
en invierno	ฤดูหนาว	réu-doo nǎao
de invierno (adj)	ฤดูหนาว	réu-doo nǎao

mes (m)	เดือน	deuan
este mes	เดือนนี้	deuan née
al mes siguiente	เดือนหน้า	deuan nâa
el mes pasado	เดือนที่แล้ว	deuan thêe láew

hace un mes	หนึ่งเดือน ก่อนหน้านี้	nèung deuan gòrn nâa née
dentro de un mes	อีกหนึ่งเดือน	èek nèung deuan
dentro de dos meses	อีกสองเดือน	èek sǒrng deuan
todo el mes	ทั้งเดือน	tháng deuan
todo un mes	ตลอดทั้งเดือน	dtà-lòrt tháng deuan

mensual (adj)	รายเดือน	raai deuan
mensualmente (adv)	ทุกเดือน	thúk deuan
cada mes	ทุกเดือน	thúk deuan
dos veces por mes	เดือนละสองครั้ง	deuan lá sǒrng kráng

año (m)	ปี	bpee
este año	ปีนี้	bpee née
el próximo año	ปีหน้า	bpee nâa
el año pasado	ปีที่แล้ว	bpee thêe láew

hace un año	หนึ่งปีก่อน	nèung bpee gòrn
dentro de un año	อีกหนึ่งปี	èek nèung bpee
dentro de dos años	อีกสองปี	èek sǒng bpee

todo el año	ทั้งปี	tháng bpee
todo un año	ตลอดทั้งปี	dtà-lòrt tháng bpee
cada año	ทุกปี	thúk bpee
anual (adj)	รายปี	raai bpee
anualmente (adv)	ทุกปี	thúk bpee
cuatro veces por año	ปีละสี่ครั้ง	bpee lá sèe khráng
fecha (f) (la ~ de hoy es ...)	วันที่	wan thêe
fecha (f) (~ de entrega)	วันเดือนปี	wan deuan bpee
calendario (m)	ปฏิทิน	bpà-dtì-thin
medio año (m)	ครึ่งปี	khrêung bpee
seis meses	หกเดือน	hòk deuan
estación (f)	ฤดูกาล	réu-doo gaan
siglo (m)	ศตวรรษ	sà-dtà-wát

T&P BOOKS

EL VIAJE. EL HOTEL

20. Las vacaciones. El viaje
21. El hotel
22. El turismo. La excursión

USD CAD
EUR CHF
JPY HKD
GBP CNY

RECEPTION

T&P Books Publishing

turismo (m)	การท่องเที่ยว	gaan thôrng thîeow
turista (m)	นักท่องเที่ยว	nák thôrng thîeow
viaje (m)	การเดินทาง	gaan dern thaang
aventura (f)	การผจญภัย	gaan phà-jon phai
viaje (m) (p.ej. ~ en coche)	การเดินทาง	gaan dern thaang

vacaciones (f pl)	วันหยุดพักผ่อน	wan yùt phák phòrn
estar de vacaciones	หยุดพักผอน	yùt phák phòrn
descanso (m)	การพัก	gaan phák

tren (m)	รถไฟ	rót fai
en tren	โดยรถไฟ	doi rót fai
avión (m)	เครื่องบิน	khrêuang bin
en avión	โดยเครื่องบิน	doi khrêuang bin
en coche	โดยรถยนต์	doi rót-yon
en barco	โดยเรือ	doi reua
equipaje (m)	สัมภาระ	săm-phaa-rá
maleta (f)	กระเป๋าเดินทาง	grà-bpăo dern-thaang
carrito (m) de equipaje	รถขนสัมภาระ	rót khŏn săm-phaa-rá

pasaporte (m)	หนังสือเดินทาง	năng-sĕu dern-thaang
visado (m)	วีซ่า	wee-sâa
billete (m)	ตั๋ว	dtŭa
billete (m) de avión	ตั๋วเครื่องบิน	dtŭa khrêuang bin
guía (f) (libro)	หนังสือแนะนำ	năng-sĕu náe nam
mapa (m)	แผนที่	phăen thêe
área (f) (~ rural)	เขต	khàyt
lugar (m)	สถานที่	sà-thăan thêe

exotismo (m)	สิ่งแปลกใหม่	sìng bplàek mài
exótico (adj)	ต่างแดน	dtàang daen
asombroso (adj)	นาประหลาดใจ	nâa bprà-làat jai

grupo (m)	กลุ่ม	glùm
excursión (f)	การเดินทาง ท่องเที่ยว	gaan dern taang thôrng thîeow
guía (m) (persona)	มัคคุเทศก์	mák-khú-thâyt

| hotel (m) | โรงแรม | rohng raem |
| motel (m) | โรงแรม | rohng raem |

de tres estrellas	สามดาว	săam daao
de cinco estrellas	ห้าดาว	hâa daao
hospedarse (vr)	พัก	phák

habitación (f)	ห้อง	hôrng
habitación (f) individual	ห้องเดี่ยว	hôrng dìeow
habitación (f) doble	ห้องคู่	hôrng khôo
reservar una habitación	จองห้อง	jorng hôrng

| media pensión (f) | พักครึ่งวัน | phák khrêung wan |
| pensión (f) completa | พักเต็มวัน | phák dtem wan |

con baño	มีห้องอาบน้ำ	mee hôrng àap náam
con ducha	มีฝักบัว	mee fàk bua
televisión (f) satélite	โทรทัศน์ดาวเทียม	thoh-rá-thát daao thiam
climatizador (m)	เครื่องปรับอากาศ	khrêuang bpràp-aa-gàat
toalla (f)	ผ้าเช็ดตัว	phâa chét dtua
llave (f)	กุญแจ	gun-jae

administrador (m)	นักบุริหาร	nák bor-rí-hǎan
camarera (f)	แม่บ้าน	mâe bâan
maletero (m)	พนักงาน ขนกระเป๋า	phá-nák ngaan khǒn grà-bpǎo
portero (m)	พนักงาน เปิดประตู	phá-nák ngaan bpèrt bprà-dtoo

restaurante (m)	ร้านอาหาร	ráan aa-hǎan
bar (m)	บาร์	baa
desayuno (m)	อาหารเช้า	aa-hǎan cháo
cena (f)	อาหารเย็น	aa-hǎan yen
buffet (m) libre	บุฟเฟต์	bùf-fây

| vestíbulo (m) | ล็อบบี้ | lórp-bêe |
| ascensor (m) | ลิฟต์ | líf |

| NO MOLESTAR | ห้ามรบกวน | hâam róp guan |
| PROHIBIDO FUMAR | ห้ามสูบบุหรี่ | hâam sòop bù rèe |

22. El turismo. La excursión

monumento (m)	อนุสาวรีย์	a-nú-sǎa-wá-ree
fortaleza (f)	ป้อม	bpôrm
palacio (m)	วัง	wang
castillo (m)	ปราสาท	bpraa-sàat
torre (f)	หอ	hǒr
mausoleo (m)	สุสาน	sù-sǎan

arquitectura (f)	สถาปัตยกรรม	sà-thǎa-bpàt-dtà-yá-gam
medieval (adj)	ยุคกลาง	yúk glaang
antiguo (adj)	โบราณ	boh-raan

nacional (adj)	แห่งชาติ	hàeng châat
conocido (adj)	ที่มีชื่อเสียง	thêe mee chêu-sĭang
turista (m)	นักท่องเที่ยว	nák thôrng thîeow
guía (m) (persona)	มัคคุเทศก	mák-khú-thâyt
excursión (f)	ทัศนศึกษา	thát-sà-ná-sèuk-săa
mostrar (vt)	แสดง	sà-daeng
contar (una historia)	เลา	lâo
encontrar (hallar)	หาพบ	hăa phóp
perderse (vr)	หลงทาง	lŏng thaang
plano (m) (~ de metro)	แผนที่	phăen thêe
mapa (m) (~ de la ciudad)	แผนที่	phăen thêe
recuerdo (m)	ของที่ระลึก	khŏrng thêe rá-léuk
tienda (f) de regalos	รานขาย	ráan khăai
	ของที่ระลึก	khŏrng thêe rá-léuk
hacer fotos	ถ่ายภาพ	thàai phâap
fotografiarse (vr)	ได้รับการ	dâai ráp gaan
	ถายภาพให	thàai phâap hâi

EL TRANSPORTE

23. El aeropuerto
24. El avión
25. El tren
26. El barco

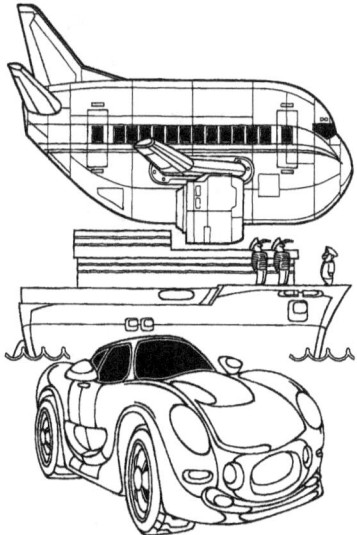

T&P Books Publishing

aeropuerto (m)	สนามบิน	sà-năam bin
avión (m)	เครื่องบิน	khrêuang bin
compañía (f) aérea	สายการบิน	săai gaan bin
controlador (m) aéreo	เจ้าหน้าที่ควบคุม	jâo nâa-thêe khûap khum
	จราจรทางอากาศ	jà-raa-jon thaang aa-gàat
despegue (m)	การออกเดินทาง	gaan òrk dern thaang
llegada (f)	การมาถึง	gaan maa thĕung
llegar (en avión)	มาถึง	maa thĕung
hora (f) de salida	เวลาขาไป	way-laa khăa bpai
hora (f) de llegada	เวลามาถึง	way-laa maa thĕung
retrasarse (vr)	ถูกเลื่อน	thòok lêuan
retraso (m) de vuelo	เลื่อนเที่ยวบิน	lêuan thieow bin
pantalla (f) de información	ฉระดานแสดง	grà daan sà-daeng
	ข้อมูล	khôr moon
información (f)	ข้อมูล	khôr moon
anunciar (vt)	ประกาศ	bprà-gàat
vuelo (m)	เที่ยวบิน	thîeow bin
aduana (f)	ศุลกากร	sŭn-lá-gaa-gon
aduanero (m)	เจ้าหน้าที่	jâo nâa-thêe
	ศุลกากร	sŭn-lá-gaa-gon
declaración (f) de aduana	แบบฟอร์มการเสีย	bàep form gaan sĭa
	ภาษีศุลกากร	phaa-sĕe sŭn-lá-gaa-gon
rellenar (vt)	กรอก	gròrk
rellenar la declaración	กรอกแบบฟอร์ม	gròrk bàep form
	การเสียภาษี	gaan sĭa paa-sĕe
control (m) de pasaportes	จุดตรวจหนังสือ	jùt dtrùat năng-sĕu
	เดินทาง	dern-thaang
equipaje (m)	สัมภาระ	săm-phaa-rá
equipaje (m) de mano	กระเป๋าถือ	grà-bpăo thĕu
carrito (m) de equipaje	รถขนสัมภาระ	rót khŏn săm-phaa-rá
aterrizaje (m)	การลงจอด	gaan long jòrt
pista (f) de aterrizaje	ลานบินลงจอด	laan bin long jòrt
aterrizar (vi)	ลงจอด	long jòrt
escaleras (f pl) (de avión)	ทางขึ้นลง	thaang khêun long
	เครื่องบิน	khrêuang bin
facturación (f) (check-in)	การเช็คอิน	gaan chék in

mostrador (m) de facturación	เคาน์เตอร์เช็คอิน	khao-dtêr chék in
hacer el check-in	เช็คอิน	chék in
tarjeta (f) de embarque	บัตรที่นั่ง	bàt thêe nâng
puerta (f) de embarque	ชองเขา	chôrng khâo
tránsito (m)	การต่อเที่ยวบิน	gaan tòr thîeow bin
esperar (aguardar)	รอ	ror
zona (f) de preembarque	ห้องผู้โดยสารขาออก	hôrng phôo doi săan khăa òk
despedir (vt)	ไปส่ง	bpai sòng
despedirse (vr)	บอกลา	bòrk laa

24. El avión

avión (m)	เครื่องบิน	khrêuang bin
billete (m) de avión	ตั๋วเครื่องบิน	dtŭa khrêuang bin
compañía (f) aérea	สายการบิน	săai gaan bin
aeropuerto (m)	สนามบิน	sà-năam bin
supersónico (adj)	ความเร็วเหนือเสียง	khwaam reo něua-sĭang

comandante (m)	กัปตัน	gàp dtan
tripulación (f)	ลูกเรือ	lôok reua
piloto (m)	นักบิน	nák bin
azafata (f)	พนักงานต้อนรับบนเครื่องบิน	phá-nák ngaan dtôrn ráp bon khrêuang bin
navegador (m)	ต้นหน	dtôn hŏn

alas (f pl)	ปีก	bpèek
cola (f)	หาง	hăang
cabina (f)	ห้องนักบิน	hôrng nák bin
motor (m)	เครื่องยนต์	khrêuang yon
tren (m) de aterrizaje	โครงสวนลางของเครื่องบิน	khrorng sùan lâang khŏrng khrêuang bin
turbina (f)	กังหัน	gang-hăn

hélice (f)	ใบพัด	bai phát
caja (f) negra	กล่องดำ	glòrng dam
timón (m)	คันบังคับ	khan bang-kháp
combustible (m)	เชื้อเพลิง	chéua phlerng

instructivo (m) de seguridad	คู่มือความปลอดภัย	khôo meu khwaam bplòt phai
respirador (m) de oxígeno	หน้ากากออกซิเจน	nâa gàak ók sí jayn
uniforme (m)	เครื่องแบบ	khrêuang bàep
chaleco (m) salvavidas	เสื้อชูชีพ	sêua choo chêep
paracaídas (m)	รมชูชีพ	rôm choo chêep

despegue (m)	การบินขึ้น	gaan bin khêun
despegar (vi)	บินขึ้น	bin khêun

pista (f) de despegue	ทางวิ่งเครื่องบิน	thaang wîng khrêuang bin
visibilidad (f)	ทัศนวิสัย	thát sá ná wí-săi
vuelo (m)	การบิน	gaan bin
altura (f)	ความสูง	khwaam sŏong
pozo (m) de aire	หลุมอากาศ	lŭm aa-gàat

asiento (m)	ที่นั่ง	thêe nâng
auriculares (m pl)	หูฟัง	hŏo fang
mesita (f) plegable	ถาดพับเก็บได้	thàat pháp gèp dâai
ventana (f)	หนาตางเครื่องบิน	nâa dtàang khrêuang bin
pasillo (m)	ทางเดิน	thaang dern

25. El tren

tren (m)	รถไฟ	rót fai
tren (m) de cercanías	รถไฟชานเมือง	rót fai chaan meuang
tren (m) rápido	รถไฟดวน	rót fai dùan
locomotora (f) diésel	รถจักรดีเซล	rót jàk dee-sayn
tren (m) de vapor	รถจักรไอน้ำ	rót jàk ai náam

| coche (m) | ตู้โดยสาร | dtôo doi săan |
| coche (m) restaurante | ตูเสบียง | dtôo sà-biang |

rieles (m pl)	รางรถไฟ	raang rót fai
ferrocarril (m)	ทางรถไฟ	thaang rót fai
traviesa (f)	หมอนรองราง	mŏrn rorng raang

plataforma (f)	ชานชลา	chaan-chá-laa
vía (f)	ราง	raang
semáforo (m)	ไฟสัญญาณรถไฟ	fai săn-yaan rót fai
estación (f)	สถานี	sà-thăa-nee

maquinista (m)	คนขับรถไฟ	khon khàp rót fai
maletero (m)	พนักงาน. ยกกระเปา	phá-nák ngaan yók grà-bpăo
mozo (m) del vagón	พนักงานรถไฟ	phá-nák ngaan rót fai
pasajero (m)	ผูโดยสาร	phôo doi săan
revisor (m)	พนักงานตรวจตั๋ว	phá-nák ngaan dtrùat dtŭa

| corredor (m) | ทางเดิน | thaang dern |
| freno (m) de urgencia | เบรคฉุกเฉิน | bràyk chùk-chĕrn |

compartimiento (m)	ตู้นอน	dtôo norn
litera (f)	เตียง	dtiang
litera (f) de arriba	เตียงบน	dtiang bon
litera (f) de abajo	เตียงลาง	dtiang lâang
ropa (f) de cama	ชุดเครื่องนอน	chút khrêuang norn

| billete (m) | ตั๋ว | dtŭa |
| horario (m) | ตารางเวลา | dtaa-raang way-laa |

pantalla (f) de información	กระดานแสดงข้อมูล	grà daan sà-daeng khôr moon
partir (vi)	ออกเดินทาง	òrk dern thaang
partida (f) (del tren)	การออกเดินทาง	gaan òrk dern thaang
llegar (tren)	มาถึง	maa thĕung
llegada (f)	การมาถึง	gaan maa thĕung
llegar en tren	มาถึงโดยรถไฟ	maa thĕung doi rót fai
tomar el tren	ขึ้นรถไฟ	khêun rót fai
bajar del tren	ลงจากรถไฟ	long jàak rót fai
descarrilamiento (m)	รถไฟตกราง	rót fai dtòk raang
descarrilarse (vr)	ตกราง	dtòk raang
tren (m) de vapor	หัวรถจักรไอน้ำ	hŭa rót jàk ai náam
fogonero (m)	คนควบคุมเตาไฟ	khon khûap khum dtao fai
hogar (m)	เตาไฟ	dtao fai
carbón (m)	ถ่านหิน	thàan hĭn

26. El barco

barco, buque (m)	เรือ	reua
navío (m)	เรือ	reua
buque (m) de vapor	เรือจักรไอน้ำ	reua jàk ai náam
motonave (f)	เรือลองแมน้ำ	reua lông mâe náam
trasatlántico (m)	เรือเดินสมุทร	reua dern sà-mùt
crucero (m)	เรือลาดตระเวน	reua lâat dtrà-wayn
yate (m)	เรือยอชต์	reua yôt
remolcador (m)	เรือลากจูง	reua lâak joong
barcaza (f)	เรือบรรทุก	reua ban-thúk
ferry (m)	เรือข้ามฟาก	reua khâam fâak
velero (m)	เรือใบ	reua bai
bergantín (m)	เรือใบสอง เสากระโดง	reua bai sŏrng săo grà-dohng
rompehielos (m)	เรือตัดน้ำแข็ง	reua dtàt náam khăeng
submarino (m)	เรือดำน้ำ	reua dam náam
bote (m) de remo	เรือพาย	reua phaai
bote (m)	เรือบดเล็ก	reua bòt lék
bote (m) salvavidas	เรือชูชีพ	reua choo chêep
lancha (f) motora	เรือยนต์	reua yon
capitán (m)	กัปตัน	gàp dtan
marinero (m)	นาวิน	naa-win
marino (m)	คนเรือ	khon reua
tripulación (f)	กะลาสี	gà-laa-sĕe

contramaestre (m)	สรั่ง	sà-ràng
grumete (m)	คนช่วยงาน ในเรือ	khon chûay ngaan nai reua
cocinero (m) de abordo	กุ๊ก	gúk
médico (m) del buque	แพทย์เรือ	phâet reua
cubierta (f)	ดาดฟ้าเรือ	dàat-fáa reua
mástil (m)	เสากระโดงเรือ	săo grà-dohng reua
vela (f)	ใบเรือ	bai reua
bodega (f)	ท้องเรือ	thórng-reua
proa (f)	หัวเรือ	hŭa-reua
popa (f)	ท้ายเรือ	tháai reua
remo (m)	ไม้พาย	máai phaai
hélice (f)	ใบจักร	bai jàk
camarote (m)	ห้องพัก	hôrng phák
sala (f) de oficiales	ห้องอาหาร	hôrng aa-hăan
sala (f) de máquinas	ห้องเครื่องยนต์	hôrng khrêuang yon
puente (m) de mando	สะพานเดินเรือ	sà-phaan dern reua
sala (f) de radio	ห้องวิทยุ	hôrng wít-thá-yú
onda (f)	คลื่นความถี่	khlêun khwaam thèe
cuaderno (m) de bitácora	สมุดบันทึก	sà-mùt ban-théuk
anteojo (m)	กล้องส่องทางไกล	glôrng sòrng thaang glai
campana (f)	ระฆัง	rá-khang
bandera (f)	ธง	thorng
cabo (m) (maroma)	เชือก	chêuak
nudo (m)	ปม	bpom
pasamano (m)	ราว	raao
pasarela (f)	ไม้พาดให้ ขึ้นลงเรือ	mái phâat hâi khêun long reua
ancla (f)	สมอ	sà-mŏr
levar ancla	ถอนสมอ	thŏrn sà-mŏr
echar ancla	ทอดสมอ	thôrt sà-mŏr
cadena (f) del ancla	โซสมอเรือ	sôh sà-mŏr reua
puerto (m)	ท่าเรือ	thâa reua
embarcadero (m)	ทา	thâa
amarrar (vt)	จอดเทียบท่า	jòt thîap tâa
desamarrar (vt)	ออกจากทา	òrk jàak tâa
viaje (m)	การเดินทาง	gaan dern thaang
crucero (m) (viaje)	การล่องเรือ	gaan lôrng reua
derrota (f) (rumbo)	เส้นทาง	sên thaang
itinerario (m)	เส้นทาง	sên thaang
canal (m) navegable	ร่องเรือเดิน	rông reua dern
bajío (m)	โขด	khòht

encallar (vi)	เกยตื้น	goie dtêun
tempestad (f)	พายุ	phaa-yú
señal (f)	สัญญาณ	săn-yaan
hundirse (vr)	ลม	lôm
¡Hombre al agua!	คนตกเรือ!	kon dtòk reua
SOS	SOS	es-o-es
aro (m) salvavidas	ห่วงยาง	hùang yaang

LA CIUDAD

27. El transporte urbano
28. La ciudad. La vida en la ciudad
29. Las instituciones urbanas
30. Los avisos
31. Las compras

T&P Books Publishing

autobús (m)	รถเมล์	rót may
tranvía (m)	รถราง	rót raang
trolebús (m)	รถโดยสารประจำ	rót doi săan bprà-jam
	ทางไฟฟ้า	thaang fai fáa
itinerario (m)	เส้นทาง	sên thaang
número (m)	หมายเลข	măai lâyk
ir en …	ไปด้วย	bpai dûay
tomar (~ el autobús)	ขึ้น	khêun
bajar (~ del tren)	ลง	long
parada (f)	ป้าย	bpâai
próxima parada (f)	ป้ายถัดไป	bpâai thàt bpai
parada (f) final	ป้ายสุดท้าย	bpâai sùt tháai
horario (m)	ตารางเวลา	dtaa-raang way-laa
esperar (aguardar)	รอ	ror
billete (m)	ตั๋ว	dtŭa
precio (m) del billete	ค่าตั๋ว	khâa dtŭa
cajero (m)	คนขายตั๋ว	khon khăai dtŭa
control (m) de billetes	การตรวจตั๋ว	gaan dtrùat dtŭa
revisor (m)	พนักงานตรวจตั๋ว	phá-nák ngaan dtrùat dtŭa
llegar tarde (vi)	ไปสาย	bpai săai
perder (~ el tren)	พลาด	phlâat
tener prisa	รีบเร่ง	rêep râyng
taxi (m)	แท็กซี่	tháek-sêe
taxista (m)	คนขับแท็กซี่	khon khàp tháek-sêe
en taxi	โดยแท็กซี่	doi tháek-sêe
parada (f) de taxi	ป้ายจอดแท็กซี่	bpâai jòrt tháek sêe
llamar un taxi	เรียกแท็กซี่	rîak tháek sêe
tomar un taxi	ขึ้นรถแท็กซี่	khêun rót tháek-sêe
tráfico (m)	การจราจร	gaan jà-raa-jon
atasco (m)	การจราจรติดขัด	gaan jà-raa-jon dtìt khàt
horas (f pl) de punta	ชั่วโมงเร่งด่วน	chûa mohng râyng dùan
aparcar (vi)	จอด	jòrt
aparcar (vt)	จอด	jòrt
aparcamiento (m)	ลานจอดรถ	laan jòrt rót
metro (m)	รถไฟใต้ดิน	rót fai dtâi din
estación (f)	สถานี	sà-thăa-nee

ir en el metro	ขึ้นรถไฟใต้ดิน	khêun rót fai dtâi din
tren (m)	รถไฟ	rót fai
estación (f)	สถานีรถไฟ	sà-thǎa-nee rót fai

28. La ciudad. La vida en la ciudad

ciudad (f)	เมือง	meuang
capital (f)	เมืองหลวง	meuang lǔang
aldea (f)	หมู่บ้าน	mòo bâan
plano (m) de la ciudad	แผนที่เมือง	phǎen thêe meuang
centro (m) de la ciudad	ใจกลางเมือง	jai glaang-meuang
suburbio (m)	ชานเมือง	chaan meuang
suburbano (adj)	ชานเมือง	chaan meuang
arrabal (m)	รอบนอกเมือง	rôrp nôrk meuang
afueras (f pl)	เขตรอบเมือง	khàyt rôrp-meuang
barrio (m)	บล็อกผังเมือง	blòrk phǎng meuang
zona (f) de viviendas	บล็อกที่อยู่อาศัย	blòrk thêe yòo aa-sǎi
tráfico (m)	การจราจร	gaan jà-raa-jon
semáforo (m)	ไฟจราจร	fai jà-raa-jon
transporte (m) urbano	ขนส่งมวลชน	khǒn sòng muan chon
cruce (m)	สี่แยก	sèe yâek
paso (m) de peatones	ทางม้าลาย	thaang máa laai
paso (m) subterráneo	อุโมงค์คนเดิน	u-mohng kon dern
cruzar (vt)	ข้าม	khâam
peatón (m)	คนเดินเท้า	khon dern tháo
acera (f)	ทางเทา	thaang tháo
puente (m)	สะพาน	sà-phaan
muelle (m)	ทางเลียบแม่น้ำ	thaang lîap mâe náam
fuente (f)	น้ำพุ	nám phú
alameda (f)	ทางเลียบสวน	thaang lîap sǔan
parque (m)	สวน	sǔan
bulevar (m)	ถนนกว้าง	thà-nǒn gwâang
plaza (f)	จัตุรัส	jàt-dtù-ràt
avenida (f)	ถนนใหญ่	thà-nǒn yài
calle (f)	ถนน	thà-nǒn
callejón (m)	ซอย	soi
callejón (m) sin salida	ทางตัน	thaang dtan
casa (f)	บ้าน	bâan
edificio (m)	อาคาร	aa-khaan
rascacielos (m)	ตึกระฟ้า	dtèuk rá-fáa
fachada (f)	ด้านหน้าอาคาร	dâan-nâa aa-khaan
techo (m)	หลังคา	lǎng khaa

ventana (f)	หน้าต่าง	nâa dtàang
arco (m)	ซุ้มประตู	súm bprà-dtoo
columna (f)	เสา	săo
esquina (f)	มุม	mum
escaparate (f)	หน้าต่างร้านค้า	nâa dtàang ráan kháa
letrero (m) (~ luminoso)	ป้ายราน	bpâai ráan
cartel (m)	โปสเตอร์	bpòht-dtêr
cartel (m) publicitario	ป้ายโฆษณา	bpâai khôht-sà-naa
valla (f) publicitaria	กระดานปิดประกาศ โฆษณา	grà-daan bpìt bprà-gàat khôht-sà-naa
basura (f)	ขยะ	khà-yà
cajón (m) de basura	ถังขยะ	thăng khà-yà
tirar basura	ทิ้งขยะ	thíng khà-yà
basurero (m)	ที่ทิ้งขยะ	thêe thíng khà-yà
cabina (f) telefónica	ตู้โทรศัพท์	dtôo thoh-rá-sàp
farola (f)	เสาโคม	săo khohm
banco (m) (del parque)	ม้านั่ง	máa nâng
policía (m)	เจ้าหน้าที่ตำรวจ	jâo nâa-thêe dtam-rùat
policía (f) (~ nacional)	ตำรวจ	dtam-rùat
mendigo (m)	ขอทาน	khŏr thaan
persona (f) sin hogar	คนไร้บ้าน	khon rái bâan

29. Las instituciones urbanas

tienda (f)	ร้านค้า	ráan kháa
farmacia (f)	ร้านขายยา	ráan khăai yaa
óptica (f)	รานตัดแว่น	ráan dtàt wâen
centro (m) comercial	ศูนย์การค้า	sŏon gaan kháa
supermercado (m)	ซูเปอร์มาร์เก็ต	soo-bper-maa-gèt
panadería (f)	ร้านขนมปัง	ráan khà-nŏm bpang
panadero (m)	คนอบขนมปัง	khon òp khà-nŏm bpang
pastelería (f)	ร้านขนม	ráan khà-nŏm
tienda (f) de comestibles	ร้านขายของชำ	ráan khăai khŏrng cham
carnicería (f)	รานขายเนื้อ	ráan khăai néua
verdulería (f)	ร้านขายผัก	ráan khăai phàk
mercado (m)	ตลาด	dtà-làat
cafetería (f)	ร้านกาแฟ	ráan gaa-fae
restaurante (m)	รานอาหาร	ráan aa-hăan
cervecería (f)	บาร์	baa
pizzería (f)	รานพิซซ่า	ráan phís-sâa
peluquería (f)	ร้านทำผม	ráan tham phŏm
oficina (f) de correos	โรงไปรษณีย์	rohng bprai-sà-nee

tintorería (f)	ร้านซักแห้ง	ráan sák hâeng
estudio (m) fotográfico	หองถายภาพ	hôrng thàai phâap
zapatería (f)	ร้านขายรองเท้า	ráan khǎai rorng táo
librería (f)	ร้านขายหนังสือ	ráan khǎai nǎng-sěu
tienda (f) deportiva	รานขาย	ráan khǎai
	อุปกรณ์กีฬา	u-bpà-gon gee-laa
arreglos (m pl) de ropa	ร้านซ่อมเสื้อผ้า	ráan sôrm sêua phâa
alquiler (m) de ropa	ร้านเช่าเสื้อออกงาน	ráan châo sêua òrk ngaan
videoclub (m)	รานเชาวิดีโอ	ráan châo wí-dee-oh
circo (m)	โรงละครสัตว์	rohng lá-khon sàt
zoológico (m)	สวนสัตว์	sǔan sàt
cine (m)	โรงภาพยนตร์	rohng phâap-phá-yon
museo (m)	พิพิธภัณฑ์	phí-phítha phan
biblioteca (f)	หองสมุด	hôrng sà-mùt
teatro (m)	โรงละคร	rohng lá-khon
ópera (f)	โรงอุปรากร	rohng ù-bpà-raa-gon
club (m) nocturno	ไนท์คลับ	nai-khláp
casino (m)	คาสิโน	khaa-sì-noh
mezquita (f)	สุเหร่า	sù-rào
sinagoga (f)	โบสถ์ยิว	bòht yiw
catedral (f)	อาสนวิหาร	aa sǒn wí-hǎan
templo (m)	วิหาร	wí-hǎan
iglesia (f)	โบสถ์	bòht
instituto (m)	วิทยาลัย	wít-thá-yaa-lai
universidad (f)	มหาวิทยาลัย	má-hǎa wít-thá-yaa-lai
escuela (f)	โรงเรียน	rohng rian
prefectura (f)	ศาลากลางจังหวัด	sǎa-laa glaang jang-wàt
alcaldía (f)	ศาลาเทศบาล	sǎa-laa thâyt-sà-baan
hotel (m)	โรงแรม	rohng raem
banco (m)	ธนาคาร	thá-naa-khaan
embajada (f)	สถานทูต	sà-thǎan thôot
agencia (f) de viajes	บริษัททัวร์	bor-rí-sàt thua
oficina (f) de información	สำนักงาน	sǎm-nák ngaan
	ศูนย์ขอมูล	sǒon khôr moon
oficina (f) de cambio	รานแลกเงิน	ráan lâek ngern
metro (m)	รถไฟใต้ดิน	rót fai dtâi din
hospital (m)	โรงพยาบาล	rohng phá-yaa-baan
gasolinera (f)	ปั๊มน้ำมัน	bpám náam man
aparcamiento (m)	ลานจอดรถ	laan jòrt rót

30. Los avisos

letrero (m) (~ luminoso)	ป้ายร้าน	bpâai ráan
cartel (m) (texto escrito)	ป้ายเตือน	bpâai dteuan
pancarta (f)	โปสเตอร์	bpòht-dtêr
señal (m) de dirección	ป้ายบอกทาง	bpâai bòrk thaang
flecha (f) (signo)	ลูกศร	lôok sŏn

advertencia (f)	คำเตือน	kham dteuan
aviso (m)	ป้ายเตือน	bpâai dteuan
advertir (vt)	เตือน	dteuan

día (m) de descanso	วันหยุด	wan yùt
horario (m)	ตารางเวลา	dtaa-raang way-laa
horario (m) de apertura	เวลาทำการ	way-laa tham gaan

¡BIENVENIDOS!	ยินดีต้อนรับ!	yin dee dtôrn ráp
ENTRADA	ทางเขา	thaang khâo
SALIDA	ทางออก	thaang òrk

EMPUJAR	ผลัก	phlàk
TIRAR	ดึง	deung
ABIERTO	เปิด	bpèrt
CERRADO	ปิด	bpìt

| MUJERES | หญิง | yĭng |
| HOMBRES | ชาย | chaai |

REBAJAS	ลดราคา	lót raa-khaa
SALDOS	ขายของลดราคา	khăai khŏrng lót raa-khaa
NOVEDAD	ใหม่!	mài
GRATIS	ฟรี	free

¡ATENCIÓN!	โปรดทราบ!	bpròht sâap
COMPLETO	ไม่มีหองวาง	mâi mee hôrng wâang
RESERVADO	จองแลว	jorng láew

| ADMINISTRACIÓN | สำนักงาน | săm-nák ngaan |
| SÓLO PERSONAL AUTORIZADO | เฉพาะพนักงาน | chà-phór phá-nák ngaan |

CUIDADO CON EL PERRO	ระวังสุนัข!	rá-wang sù-nák
PROHIBIDO FUMAR	ห้ามสูบบุหรี่	hâam sòop bù rèe
NO TOCAR	หามแตะ!	hâam dtàe

PELIGROSO	อันตราย	an-dtà-raai
PELIGRO	อันตราย	an-dtà-raai
ALTA TENSIÓN	ไฟฟ้าแรงสูง	fai fáa raeng sŏong
PROHIBIDO BAÑARSE	หามวายน้ำ!	hâam wâai náam
NO FUNCIONA	เสีย	sĭa

INFLAMABLE	อันตรายติดไฟ	an-dtà-raai dtìt fai
PROHIBIDO	ห้าม	hâam
PROHIBIDO EL PASO	ห้ามผ่าน!	hâam phàan
RECIÉN PINTADO	สีพื้นเปียก	sěe phéun bpìak

31. Las compras

comprar (vt)	ซื้อ	séu
compra (f)	ของซื้อ	khǒng séu
hacer compras	ไปซื้อของ	bpai séu khǒng
compras (f pl)	การชอปปิง	gaan chôp bping

| estar abierto (tienda) | เปิด | bpèrt |
| estar cerrado | ปิด | bpìt |

calzado (m)	รองเท้า	rorng tháo
ropa (f)	เสื้อผ้า	sêua phâa
cosméticos (m pl)	เครื่องสำอาง	khrêuang sǎm-aang
productos alimenticios	อาหาร	aa-hǎan
regalo (m)	ของขวัญ	khǒng khwǎn

| vendedor (m) | พนักงานขาย | phá-nák ngaan khǎai |
| vendedora (f) | พนักงานขาย | phá-nák ngaan khǎai |

caja (f)	ที่จ่ายเงิน	thêe jàai ngern
espejo (m)	กระจก	grà-jòk
mostrador (m)	เคาน์เตอร์	khao-dtêr
probador (m)	หองลองเสื้อผ้า	hôrng lorng sêua phâa

probar (un vestido)	ลอง	lorng
quedar (una ropa, etc.)	เหมาะ	mò
gustar (vi)	ชอบ	chôrp

precio (m)	ราคา	raa-khaa
etiqueta (f) de precio	ป้ายราคา	bpâai raa-khaa
costar (vt)	ราคา	raa-khaa
¿Cuánto?	ราคาเท่าไหร่?	raa-khaa thâo rài
descuento (m)	ลดราคา	lót raa-khaa

no costoso (adj)	ไม่แพง	mâi phaeng
barato (adj)	ถูก	thòok
caro (adj)	แพง	phaeng
Es caro	มันราคาแพง	man raa-khaa phaeng

alquiler (m)	การเช่า	gaan châo
alquilar (vt)	เช่า	châo
crédito (m)	สินเชื่อ	sǐn chêua
a crédito (adv)	ซื้อเงินเชื่อ	séu ngern chêua

T&P BOOKS

LA ROPA Y LOS ACCESORIOS

32. La ropa exterior. Los abrigos
33. Ropa de hombre y mujer
34. La ropa. La ropa interior
35. Gorras
36. El calzado
37. Accesorios personales
38. La ropa. Miscelánea
39. Productos personales.
    Cosméticos
40. Los relojes

T&P Books Publishing

32. La ropa exterior. Los abrigos

ropa (f)	เสื้อผ้า	sêua phâa
ropa (f) de calle	เสื้อนอก	sêua nôk
ropa (f) de invierno	เสื้อกันหนาว	sêua gan năao
abrigo (m)	เสื้อโค้ท	sêua khóht
abrigo (m) de piel	เสื้อโค้ทขนสัตว์	sêua khóht khŏn sàt
abrigo (m) corto de piel	แจ็คเก็ตขนสัตว์	jáek-gèt khŏn sàt
chaqueta (f) plumón	แจ็คเก็ตกันหนาว	jàek-gèt gan năao
cazadora (f)	แจ็คเก็ต	jáek-gèt
impermeable (m)	เสื้อกันฝน	sêua gan fŏn
impermeable (adj)	ซึ่งกันน้ำได้	sêung gan náam dâai

33. Ropa de hombre y mujer

camisa (f)	เสื้อ	sêua
pantalones (m pl)	กางเกง	gaang-gayng
jeans, vaqueros (m pl)	กางเกงยีนส์	gaang-gayng yeen
chaqueta (f), saco (m)	แจ็คเก็ตสูท	jàek-gèt sòot
traje (m)	ชุดสูท	chút sòot
vestido (m)	ชุดเดรส	chút draet
falda (f)	กระโปรง	grà bprohng
blusa (f)	เสื้อ	sêua
rebeca (f), chaqueta (f) de punto	แจคเก็ตถัก	jáek-gèt thàk
chaqueta (f)	แจ๊คเก็ต	jáek-gèt
camiseta (f) (T-shirt)	เสื้อยืด	sêua yêut
pantalones (m pl) cortos	กางเกงขาสั้น	gaang-gayng khăa sân
traje (m) deportivo	ชุดวอรม	chút wom
bata (f) de baño	เสื้อคลุมอาบน้ำ	sêua khlum àap náam
pijama (m)	ชุดนอน	chút norn
suéter (m)	เสื้อไหมพรม	sêua măi phrom
pulóver (m)	เสื้อกันหนาวแบบสวม	sêua gan năao bàep sŭam
chaleco (m)	เสื้อกั๊ก	sêua gák
frac (m)	เสื้อเทลโค้ต	sêua thayn-khóht
esmoquin (m)	ชุดทักซิโด	chút thák sí dôh
uniforme (m)	เครื่องแบบ	khrêuang bàep
ropa (f) de trabajo	ชุดทำงาน	chút tam ngaan

mono (m)	ชุดเอี๊ยม	chút íam
bata (f) (p. ej. ~ blanca)	เสื้อคลุม	sêua khlum

34. La ropa. La ropa interior

ropa (f) interior	ชุดชั้นใน	chút chán nai
bóxer (m)	กางเกงในชาย	gaang-gayng nai chaai
bragas (f pl)	กางเกงในสตรี	gaang-gayng nai sàt-dtree
camiseta (f) interior	เสื้อชั้นใน	sêua chán nai
calcetines (m pl)	ถุงเท้า	thŭng tháo
camisón (m)	ชุดนอนสตรี	chút norn sàt-dtree
sostén (m)	ยกทรง	yók song
calcetines (m pl) altos	ถุงเท้ายาว	thŭng tháo yaao
pantimedias (f pl)	ถุงน่องเต็มตัว	thŭng nôrng dtem dtua
medias (f pl)	ถุงน่อง	thŭng nôrng
traje (m) de baño	ชุดว่ายน้ำ	chút wâai náam

35. Gorras

gorro (m)	หมวก	mùak
sombrero (m) de fieltro	หมวก	mùak
gorra (f) de béisbol	หมวกเบสบอล	mùak bàyt-bon
gorra (f) plana	หมวกติงลี่	mùak dting lêe
boina (f)	หูมวกเบเร่ต์	mùak bay-rây
capuchón (m)	ฮูด	hóot
panamá (m)	หมวกปานามา	mùak bpaa-naa-maa
gorro (m) de punto	หมวกไหมพรม	mùak măi phrom
pañuelo (m)	ผ้าโพกศีรษะ	phâa phôhk sĕe-sà
sombrero (m) de mujer	หมวกสตรี	mùak sàt-dtree
casco (m) (~ protector)	หมวกนิรภัย	mùak ní-rá-phai
gorro (m) de campaña	หมวกหนีบ	mùak nèep
casco (m) (~ de moto)	หมวกกันน็อค	mùak ní-rá-phai
bombín (m)	หมวกกลมทรงสูง	mùak glom song sŏong
sombrero (m) de copa	หมวกทรงสูง	mùak song sŏong

36. El calzado

calzado (m)	รองเท้า	rorng tháo
botas (f pl)	รองเท้า	rorng tháo
zapatos (m pl) (~ de tacón bajo)	รองเท้า	rorng tháo

botas (f pl) altas	รองเท้าบูท	rorng tháo bòot
zapatillas (f pl)	รองเท้าแตะในบ้าน	rorng tháo dtàe nai bâan
tenis (m pl)	รองเท้ากีฬา	rorng tháo gee-laa
zapatillas (f pl) de lona	รองเท้าผ้าใบ	rorng tháo phâa bai
sandalias (f pl)	รองเท้าแตะ	rorng tháo dtàe
zapatero (m)	คนซ่อมรองเท้า	khon sôrm rorng tháo
tacón (m)	สนรองเทา	sôn rorng tháo
par (m)	คู่	khôo
cordón (m)	เชือกรองเท้า	chêuak rorng tháo
encordonar (vt)	ผูกเชือกรองเท้า	phòok chêuak rorng tháo
calzador (m)	ที่ชอนรองเท้า	thêe chón rorng tháo
betún (m)	ยาขัดรองเทา	yaa khàt rorng tháo

37. Accesorios personales

guantes (m pl)	ถุงมือ	thǔng meu
manoplas (f pl)	ถุงมือ	thǔng meu
bufanda (f)	ผ้าพันคอ	phâa phan khor
gafas (f pl)	แว่นตา	wâen dtaa
montura (f)	กรอบแว่น	gròrp wâen
paraguas (m)	ร่ม	rôm
bastón (m)	ไม้เท้า	máai tháo
cepillo (m) de pelo	แปรงหวีผม	bpraeng wěe phǒm
abanico (m)	พัด	phát
corbata (f)	เนคไท	nâyk-thai
pajarita (f)	โบว์หูกระต่าย	boh hǒo grà-dtàai
tirantes (m pl)	สายเอี๊ยม	sǎai íam
moquero (m)	ผ้าเช็ดหน้า	phâa chét-nâa
peine (m)	หวี	wěe
pasador (m) de pelo	ที่หนีบผม	têe nèep phǒm
horquilla (f)	กิ๊บ	gíp
hebilla (f)	หัวเข็มขัด	hǔa khěm khàt
cinturón (m)	เข็มขัด	khěm khàt
correa (f) (de bolso)	สายกระเป๋า	sǎai grà-bpǎo
bolsa (f)	กระเป๋า	grà-bpǎo
bolso (m)	กระเป๋าถือ	grà-bpǎo thěu
mochila (f)	กระเป๋าสะพายหลัง	grà-bpǎo sà-phaai lǎng

38. La ropa. Miscelánea

moda (f)	แฟชั่น	fae-chân
de moda (adj)	คานิยม	khâa ní-yom

diseñador (m) de moda	นักออกแบบแฟชั่น	nák òrk bàep fae-chân
cuello (m)	คอปกเสื้อ	khor bpòk sêua
bolsillo (m)	กระเป๋า	grà-bpǎo
de bolsillo (adj)	กระเป๋า	grà-bpǎo
manga (f)	แขนเสื้อ	khǎen sêua
presilla (f)	ที่แขวนเสื้อ	thêe khwǎen sêua
bragueta (f)	ซิปกางเกง	síp gaang-gayng
cremallera (f)	ซิป	síp
cierre (m)	ซิป	síp
botón (m)	กระดุม	grà dum
ojal (m)	รูกระดุม	roo grà dum
saltar (un botón)	หลุดออก	lùt òrk
coser (vi, vt)	เย็บ	yép
bordar (vt)	ปัก	bpàk
bordado (m)	ลายปัก	laai bpàk
aguja (f)	เข็มเย็บผ้า	khěm yép phâa
hilo (m)	เสนดาย	sây-dâai
costura (f)	รอยเย็บ	roi yép
ensuciarse (vr)	สกปรก	sòk-gà-bpròk
mancha (f)	รอยเปื้อน	roi bpêuan
arrugarse (vr)	พับเป็นรอยยับ	pháp bpen roi yôn
rasgar (vt)	ฉีก	chèek
polilla (f)	แมลงกินผ้า	má-laeng gin phâa

39. Productos personales. Cosméticos

pasta (f) de dientes	ยาสีฟัน	yaa sěe fan
cepillo (m) de dientes	แปรงสีฟัน	bpraeng sěe fan
limpiarse los dientes	แปรงฟัน	bpraeng fan
maquinilla (f) de afeitar	มีดโกน	mêet gohn
crema (f) de afeitar	ครีมโกนหนวด	khreem gohn nùat
afeitarse (vr)	โกน	gohn
jabón (m)	สบู่	sà-bòo
champú (m)	แชมพู	chaem-phoo
tijeras (f pl)	กรรไกร	gan-grai
lima (f) de uñas	ตะไบเล็บ	dtà-bai lép
cortaúñas (m pl)	กรรไกรตัดเล็บ	gan-grai dtàt lép
pinzas (f pl)	แหนบ	nàep
cosméticos (m pl)	เครื่องสำอาง	khrêuang sǎm-aang
mascarilla (f)	มาสกหน้า	mâak nâa
manicura (f)	การแต่งเล็บ	gaan dtàeng lép
hacer la manicura	แต่งเล็บ	dtàeng lép
pedicura (f)	การแต่งเล็บเท้า	gaan dtàeng lép táo

bolsa (f) de maquillaje	กระเป๋าเครื่อง สำอาง	grà-bpǎo khrêuang sǎm-aang
polvos (m pl)	แป้งฝุ่น	bpâeng-fùn
polvera (f)	ตลับแป้ง	dtà-làp bpâeng
colorete (m), rubor (m)	แป้งทาแก้ม	bpâeng thaa gâem
perfume (m)	น้ำหอม	nám hǒrm
agua (f) de tocador	น้ำหอมออนๆ	náam hǒrm òn òn
loción (f)	โลชั่น	loh-chân
agua (f) de Colonia	โคโลญจ์	khoh-lohn
sombra (f) de ojos	อายแชโดว์	aai-chae-doh
lápiz (m) de ojos	อายไลเนอร์	aai lai-ner
rímel (m)	มาสคารา	mâat-khaa-râa
pintalabios (m)	ลิปสติก	líp-sà-dtìk
esmalte (m) de uñas	น้ำยาทาเล็บ	nám yaa-thaa lép
fijador (m) para el pelo	สเปรย์ฉีดผม	sà-bpray chèet phǒm
desodorante (m)	ยาดับกลิ่น	yaa dàp glìn
crema (f)	ครีม	khreem
crema (f) de belleza	ครีมทาหน้า	khreem thaa nâa
crema (f) de manos	ครีมทามือ	khreem thaa meu
crema (f) antiarrugas	ครีมลดริ้วรอย	khreem lót ríw roi
crema (f) de día	ครีมกลางวัน	khreem klaang wan
crema (f) de noche	ครีมกลางคืน	khreem klaang kheun
de día (adj)	กลางวัน	glaang wan
de noche (adj)	กลางคืน	glaang kheun
tampón (m)	ผ้าอนามัยแบบสอด	phâa a-naa-mai bàep sòrt
papel (m) higiénico	กระดาษชำระ	grà-dàat cham-rá
secador (m) de pelo	เครื่องเป่าผม	khrêuang bpào phǒm

40. Los relojes

reloj (m)	นาฬิกา	naa-lí-gaa
esfera (f)	หน้าปัด	nâa bpàt
aguja (f)	เข็ม	khěm
pulsera (f)	สายนาฬิกาข้อมือ	sǎai naa-lí-gaa khôr meu
correa (f) (del reloj)	สายรัดข้อมือ	sǎai rát khôr meu
pila (f)	แบตเตอรี่	bàet-dter-rêe
descargarse (vr)	หมด	mòt
cambiar la pila	เปลี่ยนแบตเตอรี่	bplìan bàet-dter-rêe
adelantarse (vr)	เดินเร็วเกินไป	dern reo gern bpai
retrasarse (vr)	เดินช้า	dern cháa
reloj (m) de pared	นาฬิกา แขวนฝนัง	naa-lí-gaa khwǎen phà-nǎng
reloj (m) de arena	นาฬิกาทราย	naa-lí-gaa saai

reloj (m) de sol	นาฬิกาแดด	naa-lí-gaa dàet
despertador (m)	นาฬิกาปลุก	naa-lí-gaa bplùk
relojero (m)	ช่างซ่อมนาฬิกา	châang sôrm naa-lí-gaa
reparar (vt)	ซ่อม	sôrm

LA EXPERIENCIA DIARIA

41. El dinero
42. La oficina de correos
43. La banca
44. El teléfono. Las conversaciones
telefónicas
45. El teléfono celular
46. Los artículos de escritorio.
La papelería
47. Los idiomas extranjeros

T&P Books Publishing

dinero (m)	เงิน	ngern
cambio (m)	การแลกเปลี่ยน	gaan lâek bplìan
	สกุลเงิน	sà-gun ngern
curso (m)	อัตราแลกเปลี่ยน	àt-dtraa lâek bplìan
	สกุลเงิน	sà-gun ngern
cajero (m) automático	เอทีเอ็ม	ay-thee-em
moneda (f)	เหรียญ	rĭan
dólar (m)	ดอลลาร์	dorn-lâa
euro (m)	ยูโร	yoo-roh
lira (f)	ลีราอิตาลี	lee-raa ì-dtaa-lee
marco (m) alemán	มารค์	mâak
franco (m)	ฟรังค์	frang
libra esterlina (f)	ปอนด์สเตอร์ลิง	bporn sà-dtêr-ling
yen (m)	เยน	yayn
deuda (f)	หนี้	nêe
deudor (m)	ลูกหนี้	lôok nêe
prestar (vt)	ให้ยืม	hâi yeum
tomar prestado	ขอยืม	khŏr yeum
banco (m)	ธนาคาร	thá-naa-khaan
cuenta (f)	บัญชี	ban-chee
ingresar (~ en la cuenta)	ฝาก	fàak
ingresar en la cuenta	ฝากเงินเข้าบัญชี	fàak ngern khâo ban-chee
sacar de la cuenta	ถอน	thŏrn
tarjeta (f) de crédito	บัตรเครดิต	bàt khray-dìt
dinero (m) en efectivo	เงินสด	ngern sòt
cheque (m)	เช็ค	chék
sacar un cheque	เขียนเช็ค	khĭan chék
talonario (m)	สมุดเช็ค	sà-mùt chék
cartera (f)	กระเป๋าเงิน	grà-bpăo ngern
monedero (m)	กระเป๋าสตางค์	grà-bpăo sà-dtaang
caja (f) fuerte	ตู้เซฟ	dtôo sâyf
heredero (m)	ทายาท	thaa-yâat
herencia (f)	มรดก	mor-rá-dòrk
fortuna (f)	เงินจำนวนมาก	ngern jam-nuan mâak
arriendo (m)	สัญญาเช่า	săn-yaa châo
alquiler (m) (dinero)	คาเชา	kâa châo

alquilar (~ una casa)	เช่า	châo
precio (m)	ราคา	raa-khaa
coste (m)	ราคา	raa-khaa
suma (f)	จำนวนเงินรวม	jam-nuan ngern ruam
gastar (vt)	จ่าย	jàai
gastos (m pl)	ค่าจ่าย	khâa jàai
economizar (vi, vt)	ประหยัด	bprà-yàt
económico (adj)	ประหยัด	bprà-yàt
pagar (vi, vt)	จ่าย	jàai
pago (m)	การจ่ายเงิน	gaan jàai ngern
cambio (m) (devolver el ~)	เงินทอน	ngern thorn
impuesto (m)	ภาษี	phaa-sěe
multa (f)	ค่าปรับ	khâa bpràp
multar (vt)	ปรับ	bpràp

42. La oficina de correos

oficina (f) de correos	โรงไปรษณีย์	rohng bprai-sà-nee
correo (m) (cartas, etc.)	จดหมาย	jòt mǎai
cartero (m)	บุรุษไปรษณีย์	bù-rùt bprai-sà-nee
horario (m) de apertura	เวลาทำการ	way-laa tham gaan
carta (f)	จดหมาย	jòt mǎai
carta (f) certificada	จดหมายลงทะเบียน	jòt mǎai long thá-bian
tarjeta (f) postal	ไปรษณียบัตร	bprai-sà-nee-yá-bàt
telegrama (m)	โทรเลข	thoh-rá-lâyk
paquete (m) postal	พัสดุ	phát-sà-dù
giro (m) postal	การโอนเงิน	gaan ohn ngern
recibir (vt)	รับ	ráp
enviar (vt)	ฝาก	fàak
envío (m)	การฝาก	gaan fàak
dirección (f)	ที่อยู่	thêe yòo
código (m) postal	รหัสไปรษณีย์	rá-hàt bprai-sà-nee
expedidor (m)	ผู้ฝาก	phôo fàak
destinatario (m)	ผู้รับ	phôo ráp
nombre (m)	ชื่อ	chêu
apellido (m)	นามสกุล	naam sà-gun
tarifa (f)	อัตราค่าส่งไปรษณีย์	àt-dtraa khâa sòng bprai-sà-nee
ordinario (adj)	มาตรฐาน	mâat-dtrà-thǎan
económico (adj)	ประหยัด	bprà-yàt
peso (m)	น้ำหนัก	nám nàk
pesar (~ una carta)	มีน้ำหนัก	mee nám nàk

sobre (m)	ซอง	sorng
sello (m)	แสตมป์ไปรษณีย์	sà-dtaem bprai-sà-nee
poner un sello	แสตมป์ตรา	sà-dtaem dtraa
	ประทับบนซอง	bprà-tháp bon song

43. La banca

banco (m)	ธนาคาร	thá-naa-khaan
sucursal (f)	สาขา	săa-khăa
consultor (m)	พนักงาน	phá-nák ngaan
	ธนาคาร	thá-naa-khaan
gerente (m)	ผู้จัดการ	phôo jàt gaan
cuenta (f)	บัญชีธนาคาร	ban-chee thá-naa-kaan
numero (m) de la cuenta	หมายเลขบัญชี	măai lâyk ban-chee
cuenta (f) corriente	กระแสรายวัน	grà-săe raai wan
cuenta (f) de ahorros	บัญชีออมทรัพย์	ban-chee orm sáp
abrir una cuenta	เปิดบัญชี	bpèrt ban-chee
cerrar la cuenta	ปิดบัญชี	bpìt ban-chee
ingresar en la cuenta	ฝากเงินเข้าบัญชี	fàak ngern khâo ban-chee
sacar de la cuenta	ถอน	thŏrn
depósito (m)	การฝาก	gaan fàak
hacer un depósito	ฝาก	fàak
giro (m) bancario	การโอนเงิน	gaan ohn ngern
hacer un giro	โอนเงิน	ohn ngern
suma (f)	จำนวนเงินรวม	jam-nuan ngern ruam
¿Cuánto?	เท่าไหร่?	thâo rài
firma (f) (nombre)	ลายมือชื่อ	laai meu chêu
firmar (vt)	ลงนาม	long naam
tarjeta (f) de crédito	บัตรเครดิต	bàt khray-dìt
código (m)	รหัส	rá-hàt
número (m) de tarjeta de crédito	หมายเลขบัตรเครดิต	măai lâyk bàt khray-dìt
cajero (m) automático	เอทีเอ็ม	ay-thee-em
cheque (m)	เช็ค	chék
sacar un cheque	เขียนเช็ค	khĭan chék
talonario (m)	สมุดเช็ค	sà-mùt chék
crédito (m)	เงินกู้	ngern gôo
pedir el crédito	ขอสินเชื่อ	khŏr sĭn chêua
obtener un crédito	กู้เงิน	gôo ngern
conceder un crédito	ให้กู้เงิน	hâi gôo ngern
garantía (f)	การรับประกัน	gaan ráp bprà-gan

44. El teléfono. Las conversaciones telefónicas

teléfono (m)	โทรศัพท์	thoh-rá-sàp
teléfono (m) móvil	มือถือ	meu thěu
contestador (m)	เครื่องพูดตอบ	khrêuang phôot dtòp
llamar, telefonear	โทรศัพท์	thoh-rá-sàp
llamada (f)	การโทรศัพท์	gaan thoh-rá-sàp
marcar un número	หมุนหมายเลขโทรศัพท์	mŭn măai lâyk thoh-rá-sàp
¿Sí?, ¿Dígame?	สวัสดี!	sà-wàt-dee
preguntar (vt)	ถาม	thăam
responder (vi, vt)	รับสาย	ráp săai
oír (vt)	ได้ยิน	dâai yin
bien (adv)	ดี	dee
mal (adv)	ไม่ดี	mâi dee
ruidos (m pl)	เสียงรบกวน	sĭang róp guan
auricular (m)	ตัวรับสัญญาณ	dtua ráp săn-yaan
descolgar (el teléfono)	รับสาย	ráp săai
colgar el auricular	วางสาย	waang săai
ocupado (adj)	ไม่ว่าง	mâi wâang
sonar (teléfono)	ดัง	dang
guía (f) de teléfonos	สมุดโทรศัพท์	sà-mùt thoh-rá-sàp
local (adj)	ในประเทศ	nai bprà-thâyt
llamada (f) local	โทรในประเทศ	thoh nai bprà-thâyt
de larga distancia	ระยะไกล	rá-yá glai
llamada (f) de larga distancia	โทรระยะไกล	thoh-rá-yá glai
internacional (adj)	ต่างประเทศ	dtàang bprà-thâyt
llamada (f) internacional	โทรต่างประเทศ	thoh dtàang bprà-thâyt

45. El teléfono celular

teléfono (m) móvil	มือถือ	meu thěu
pantalla (f)	หน้าจอ	nâa jor
botón (m)	ปุ่ม	bpùm
tarjeta SIM (f)	ซิมการ์ด	sím gàat
pila (f)	แบตเตอรี่	bàet-dter-rêe
descargarse (vr)	หมด	mòt
cargador (m)	ที่ชาร์จ	thêe châat
menú (m)	เมนู	may-noo
preferencias (f pl)	การตั้งค่า	gaan dtâng khâa
melodía (f)	เสียงเพลง	sĭang phlayng

seleccionar (vt)	เลือก	lêuak
calculadora (f)	เครื่องคิดเลข	khrêuang khít lâyk
contestador (m)	ขอความเสียง	khôr khwaam sǐang
despertador (m)	นาฬิกาปลุก	naa-lí-gaa bplùk
contactos (m pl)	รายชื่อผู้ติดต่อ	raai chêu phôo dtìt dtòr
mensaje (m) de texto	SMS	es-e-mes
abonado (m)	ผู้สมัครรับ บริการ	phôo sà-màk ráp bor-rí-gaan

46. Los artículos de escritorio. La papelería

bolígrafo (m)	ปากกาลูกลื่น	bpàak gaa lôok lêun
pluma (f) estilográfica	ปากกาหมึกซึม	bpàak gaa mèuk seum
lápiz (m)	ดินสอ	din-sǒr
marcador (m)	ปากกาเน้น	bpàak gaa náyn
rotulador (m)	ปากกาเมจิค	bpàak gaa may jìk
bloc (m) de notas	สมุดจด	sà-mùt jòt
agenda (f)	สมุดบันทึกรายวัน	sà-mùt ban-théuk raai wan
regla (f)	ไม้บรรทัด	máai ban-thát
calculadora (f)	เครื่องคิดเลข	khrêuang khít lâyk
goma (f) de borrar	ยางลบ	yaang lóp
chincheta (f)	เป๊ก	bpáyk
clip (m)	ลวดหนีบกระดาษ	lûat nèep grà-dàat
cola (f), pegamento (m)	กาว	gaao
grapadora (f)	ที่เย็บกระดาษ	thêe yép grà-dàat
perforador (m)	ที่เจาะรูกระดาษ	thêe jòr roo grà-dàat
sacapuntas (m)	ที่เหลาดินสอ	thêe lǎo din-sǒr

47. Los idiomas extranjeros

lengua (f)	ภาษา	phaa-sǎa
extranjero (adj)	ต่างชาติ	dtàang châat
lengua (f) extranjera	ภาษาต่างชาติ	phaa-sǎa dtàang châat
estudiar (vt)	เรียน	rian
aprender (ingles, etc.)	เรียน	rian
leer (vi, vt)	อ่าน	àan
hablar (vi, vt)	พูด	phôot
comprender (vt)	เข้าใจ	khâo jai
escribir (vt)	เขียน	khǐan
rápidamente (adv)	รวดเร็ว	rûat reo
lentamente (adv)	อย่างช้า	yàang cháa

con fluidez (adv)	อย่างคล่อง	yàang khlôrng
reglas (f pl)	กฎ	gòt
gramática (f)	ไวยากรณ์	wai-yaa-gon
vocabulario (m)	คำศัพท์	kham sàp
fonética (f)	การออกเสียง	gaan òrk sǐang
manual (m)	หนังสือเรียน	nǎng-sěu rian
diccionario (m)	พจนานุกรม	phót-jà-naa-nú-grom
manual (m) autodidáctico	หนังสือแบบเรียน	nǎng-sěu bàep rian
	ด้วยตนเอง	dûay dton ayng
guía (f) de conversación	เฟรสบุก	frayt bùk
casete (m)	เทปคาสเซ็ตต์	thâyp khaas-sét
videocasete (f)	วิดีโอ	wí-dee-oh
disco compacto, CD (m)	CD	see-dee
DVD (m)	DVD	dee-wee-dee
alfabeto (m)	ตัวอักษร	dtua àk-sǒn
deletrear (vt)	สะกด	sà-gòt
pronunciación (f)	การออกเสียง	gaan òrk sǐang
acento (m)	สำเนียง	sǎm-niang
con acento	มีสำเนียง	mee sǎm-niang
sin acento	ไม่มีสำเนียง	mâi mee sǎm-niang
palabra (f)	คำ	kham
significado (m)	ความหมาย	khwaam mǎai
cursos (m pl)	หลักสูตร	làk sòot
inscribirse (vr)	สมัคร	sà-màk
profesor (m) (~ de inglés)	อาจารย์	aa-jaan
traducción (f) (proceso)	การแปล	gaan bplae
traducción (f) (texto)	คำแปล	kham bplae
traductor (m)	นักแปล	nák bplae
intérprete (m)	ล่าม	lâam
políglota (m)	ผู้รู้หลายภาษา	phôo róo lǎai paa-sǎa
memoria (f)	ความทรงจำ	khwaam song jam

T&P BOOKS

LAS COMIDAS. EL RESTAURANTE

48. Los cubiertos
49. El restaurante
50. Las comidas
51. Los platos
52. La comida
53. Las bebidas
54. Las verduras
55. Las frutas. Las nueces
56. El pan. Los dulces
57. Las especias

T&P Books Publishing

48. Los cubiertos

cuchara (f)	ช้อน	chórn
cuchillo (m)	มีด	mêet
tenedor (m)	ส้อม	sôrm
taza (f)	แก้ว	gâew
plato (m)	จาน	jaan
platillo (m)	จานรอง	jaan rorng
servilleta (f)	ผ้าเช็ดปาก	phâa chét bpàak
mondadientes (m)	ไม้จิ้มฟัน	máai jîm fan

49. El restaurante

restaurante (m)	ร้านอาหาร	ráan aa-hǎan
cafetería (f)	ร้านกาแฟ	ráan gaa-fae
bar (m)	ร้านเหล้า	ráan lâo
salón (m) de té	ร้านน้ำชา	ráan nám chaa
camarero (m)	คนเสิร์ฟชาย	khon sèrf chaai
camarera (f)	คนเสิร์ฟหญิง	khon sèrf yǐng
barman (m)	บาร์เทนเดอร์	baa-thayn-dêr
carta (f), menú (m)	เมนู	may-noo
carta (f) de vinos	รายการไวน์	raai gaan wai
reservar una mesa	จองโต๊ะ	jorng dtó
plato (m)	มื้ออาหาร	méu aa-hǎan
pedir (vt)	สั่ง	sàng
hacer un pedido	สั่งอาหาร	sàng aa-hǎan
aperitivo (m)	เครื่องดื่มเหล้า ก่อนอาหาร	khrêuang dèum lâo gòrn aa-hǎan
entremés (m)	ของกินเล่น	khǒrng gin lâyn
postre (m)	ของหวาน	khǒrng wǎan
cuenta (f)	คิดเงิน	khít ngern
pagar la cuenta	จ่ายค่าอาหาร	jàai khâa aa hǎan
dar la vuelta	ให้เงินทอน	hâi ngern thorn
propina (f)	เงินทิป	ngern thíp

50. Las comidas

comida (f)	อาหาร	aa-hăan
comer (vi, vt)	กิน	gin
desayuno (m)	อาหารเช้า	aa-hăan cháo
desayunar (vi)	ทานอาหารเช้า	thaan aa-hăan cháo
almuerzo (m)	ข้าวเที่ยง	khâao thîang
almorzar (vi)	ทานอาหารเที่ยง	thaan aa-hăan thîang
cena (f)	อาหารเย็น	aa-hăan yen
cenar (vi)	ทานอาหารเย็น	thaan aa-hăan yen
apetito (m)	ความอยากอาหาร	kwaam yàak aa hăan
¡Que aproveche!	กินให้อร่อย!	gin hâi a-ròi
abrir (vt)	เปิด	bpèrt
derramar (líquido)	ทำหก	tham hòk
derramarse (líquido)	ทำหกออกมา	tham hòk òrk maa
hervir (vi)	ต้ม	dtôm
hervir (vt)	ต้ม	dtôm
hervido (agua ~a)	ต้ม	dtôm
enfriar (vt)	แช่เย็น	châe yen
enfriarse (vr)	แช่เย็น	châe yen
sabor (m)	รสชาติ	rót châat
regusto (m)	รส	rót
adelgazar (vi)	ลดน้ำหนัก	lót nám nàk
dieta (f)	อาหารพิเศษ	aa-hăan phí-sàyt
vitamina (f)	วิตามิน	wí-dtaa-min
caloría (f)	แคลอรี่	khae-lor-rêe
vegetariano (m)	คนกินเจ	khon gin jay
vegetariano (adj)	มังสวิรัติ	mang-sà-wí-rát
grasas (f pl)	ไขมัน	khăi man
proteínas (f pl)	โปรตีน	bproh-dteen
carbohidratos (m pl)	คาร์โบไฮเดรต	kaa-boh-hai-dràyt
loncha (f)	แผ่น	phàen
pedazo (m)	ชิ้น	chín
miga (f)	เศษ	sàyt

51. Los platos

plato (m)	มื้ออาหาร	méu aa-hăan
cocina (f)	อาหาร	aa-hăan
receta (f)	ตำราอาหาร	dtam-raa aa-hăan
porción (f)	ส่วน	sùan

| ensalada (f) | สลัด | sà-làt |
| sopa (f) | ซุป | súp |

caldo (m)	ซุปน้ำใส	súp nám-săi
bocadillo (m)	แซนด์วิช	saen-wít
huevos (m pl) fritos	ไข่ทอด	khài thôrt

| hamburguesa (f) | แฮมเบอร์เกอร์ | haem-ber-gêr |
| bistec (m) | สเต็กเนื้อ | sà-dtèk néua |

guarnición (f)	เครื่องเคียง	khrêuang khiang
espagueti (m)	สปาเก็ตตี้	sà-bpaa-gèt-dtêe
puré (m) de patatas	มันฝรั่งบด	man fà-ràng bòt
pizza (f)	พิซซ่า	phít-sâa
gachas (f pl)	ข้าวต้ม	khâao-dtôm
tortilla (f) francesa	ไข่เจียว	khài jieow

cocido en agua (adj)	ต้ม	dtôm
ahumado (adj)	รมควัน	rom khwan
frito (adj)	ทอด	thôrt
seco (adj)	ตากแห้ง	dtàak hâeng
congelado (adj)	แช่แข็ง	châe khăeng
marinado (adj)	ดอง	dorng

azucarado, dulce (adj)	หวาน	wăan
salado (adj)	เค็ม	khem
frío (adj)	เย็น	yen
caliente (adj)	ร้อน	rórn
amargo (adj)	ขม	khŏm
sabroso (adj)	อร่อย	à-ròi

cocer en agua	ต้ม	dtôm
preparar (la cena)	ทำอาหาร	tham aa-hăan
freír (vt)	ทอด	thôrt
calentar (vt)	อุ่น	ùn

salar (vt)	ใส่เกลือ	sài gleua
poner pimienta	ใส่พริกไทย	sài phrík thai
rallar (vt)	ขูด	khòot
piel (f)	เปลือก	bplèuak
pelar (vt)	ปอกเปลือก	bpòrk bplêuak

52. La comida

carne (f)	เนื้อ	néua
gallina (f)	ไก่	gài
pollo (m)	เนื้อลูกไก่	néua lôok gài
pato (m)	เป็ด	bpèt
ganso (m)	ห่าน	hàan
caza (f) menor	สัตว์ที่ล่า	sàt thêe lâa

pava (f)	ไก่งวง	gài nguang
carne (f) de cerdo	เนื้อหมู	néua mŏo
carne (f) de ternera	เนื้อลูกวัว	néua lôok wua
carne (f) de carnero	เนื้อแกะ	néua gàe
carne (f) de vaca	เนื้อวัว	néua wua
conejo (m)	เนื้อกระต่าย	néua grà-dtàai
salchichón (m)	ไส้กรอก	sâi gròrk
salchicha (f)	ไสกรอกเวียนนา	sâi gròrk wian-naa
beicon (m)	หมูเบคอน	mŏo bay-khorn
jamón (m)	แฮม	haem
jamón (m) fresco	แฮมแกมมอน	haem gaem-morn
paté (m)	ปาเต	bpaa dtay
hígado (m)	ตับ	dtàp
carne (f) picada	เนื้อสับ	néua sàp
lengua (f)	ลิ้น	lín
huevo (m)	ไข่	khài
huevos (m pl)	ไข่	khài
clara (f)	ไข่ขาว	khài khăao
yema (f)	ไขแดง	khài daeng
pescado (m)	ปลา	bplaa
mariscos (m pl)	อาหารทะเล	aa hăan thá-lay
crustáceos (m pl)	สัตว์พวกกุ้งกั้งปู	sàt phûak gûng gâng bpoo
caviar (m)	ไขปลา	khài-bplaa
cangrejo (m) de mar	ปู	bpoo
camarón (m)	กุ้ง	gûng
ostra (f)	หูอยนางรม	hŏi naang rom
langosta (f)	กุ้งมังกร	gûng mang-gon
pulpo (m)	ปลาหมึก	bplaa mèuk
calamar (m)	ปลาหมึกกล้วย	bplaa mèuk-glûay
esturión (m)	ปลาสเตอร์เจียน	bpláa sà-dtêr jian
salmón (m)	ปลาแซลมอน	bplaa saen-morn
fletán (m)	ปลาตาเดียว	bplaa dtaa-dieow
bacalao (m)	ปลาค็อด	bplaa khót
caballa (f)	ปลาแม็คเคอเร็ล	bplaa máek-kay-a-rĕn
atún (m)	ปลาทูน่า	bplaa thoo-nâa
anguila (f)	ปลาไหล	bplaa lăi
trucha (f)	ปลาเทราท์	bplaa thrau
sardina (f)	ปลาซาร์ดีน	bplaa saa-deen
lucio (m)	ปลาไพค	bplaa phai
arenque (m)	ปลาเฮอร์ริง	bplaa her-ring
pan (m)	ขนมปัง	khà-nŏm bpang
queso (m)	เนยแข็ง	noie khăeng
azúcar (m)	น้ำตาล	nám dtaan

sal (f)	เกลือ	gleua
arroz (m)	ขาว	khâao
macarrones (m pl)	พาสตา	phâat-dtâa
tallarines (m pl)	กวยเตี๋ยว	gŭay-dtĭeow
mantequilla (f)	เนย	noie
aceite (m) vegetal	น้ำมันพืช	nám man phêut
aceite (m) de girasol	น้ำมันดอก	nám man dòrk
	ทานตะวัน	thaan dtà-wan
margarina (f)	เนยเทียม	noie thiam
olivas, aceitunas (f pl)	มะกอก	má-gòrk
aceite (m) de oliva	น้ำมันมะกอก	nám man má-gòrk
leche (f)	นม	nom
leche (f) condensada	นมขน	nom khôn
yogur (m)	โยเกิร์ต	yoh-gèrt
nata (f) agria	ซาวรครีม	saao khreem
nata (f) líquida	ครีม	khreem
mayonesa (f)	มายองเนส	maa-yorng-nâyt
crema (f) de mantequilla	สวนผสมของเนย	sùan phà-sŏm khŏrng
	และน้ำตาล	noie láe nám dtaan
cereales (m pl) integrales	เมล็ดธัญพืช	má-lét than-yá-phêut
harina (f)	แป้ง	bpâeng
conservas (f pl)	อาหารกระป๋อง	aa-hăan grà-bpŏrng
copos (m pl) de maíz	คูอร์นเฟลค	khorn-flâyk
miel (f)	น้ำผึ้ง	nám phêung
confitura (f)	แยม	yaem
chicle (m)	หมากฝรั่ง	màak fà-ràng

53. Las bebidas

agua (f)	น้ำ	nám
agua (f) potable	น้ำดื่ม	nám dèum
agua (f) mineral	น้ำแร่	nám râe
sin gas	ไม่มีฟอง	mâi mee forng
gaseoso (adj)	น้ำอัดลม	nám àt lom
con gas	มีฟอง	mee forng
hielo (m)	น้ำแข็ง	nám khăeng
con hielo	ใสน้ำแข็ง	sài nám khăeng
sin alcohol	ไม่มีแอลกอฮอล์	mâi mee aen-gor-hor
bebida (f) sin alcohol	เครื่องดื่มที่	krêuang dèum têe
	ไม่มีแอลกอฮอล์	mâi mee aen-gor-hor
refresco (m)	เครื่องดื่มให้	khrêuang dèum hâi
	ความสดชื่น	khwaam sòt chêun

limonada (f)	น้ำเลมอนเนด	nám lay-morn-nâyt
bebidas (f pl) alcohólicas	เหล้า	lǎu
vino (m)	ไวน์	wai
vino (m) blanco	ไวน์ขาว	wai khǎao
vino (m) tinto	ไวน์แดง	wai daeng

licor (m)	สุรา	sù-raa
champaña (f)	แชมเปญ	chaem-bpayn
vermú (m)	เหล้าองุ่นขาว	lâo a-ngùn khǎao
	ซึ่งมีกลิ่นหอม	sêung mee glìn hǒrm

whisky (m)	เหล้าวิสกี้	lǎu wít-sa -gêe
vodka (m)	เหล้าวอดก้า	lǎu wórt-gâa
ginebra (f)	เหล้ายิน	lǎu yin
coñac (m)	เหล้าคอนยัก	lǎu khorn yák
ron (m)	เหลารัม	lǎu ram

café (m)	กาแฟ	gaa-fae
café (m) solo	กาแฟดำ	gaa-fae dam
café (m) con leche	กาแฟใสนม	gaa-fae sài nom
capuchino (m)	กาแฟคาปูชิโน	gaa-fae khaa bpoo chí noh
café (m) soluble	กาแฟสำเร็จรูป	gaa-fae sǎm-rèt rôop

leche (f)	นม	nom
cóctel (m)	ค็อกเทล	khók-tayn
batido (m)	มิลคเชค	min-châyk

zumo (m), jugo (m)	น้ำผลไม้	nám phǒn-lá-máai
jugo (m) de tomate	น้ำมะเขือเทศ	nám má-khěua thâyt
zumo (m) de naranja	น้ำส้ม	nám sôm
zumo (m) fresco	น้ำผลไม้	nám phǒn-lá-máai
	คั้นสด	khán sòt

cerveza (f)	เบียร์	bia
cerveza (f) rubia	เบียร์ไลท์	bia lai
cerveza (f) negra	เบียรดารค	bia dàak

té (m)	ชา	chaa
té (m) negro	ชาดำ	chaa dam
té (m) verde	ชาเขียว	chaa khǐeow

54. Las verduras

| legumbres (f pl) | ผัก | phàk |
| verduras (f pl) | ผักใบเขียว | phàk bai khǐeow |

tomate (m)	มะเขือเทศ	má-khěua thâyt
pepino (m)	แตงกวา	dtaeng-gwaa
zanahoria (f)	แครอท	khae-rót
patata (f)	มันฝรั่ง	man fà-ràng

cebolla (f)	หัวหอม	hŭa hŏrm
ajo (m)	กระเทียม	grà-thiam
col (f)	กะหล่ำปลี	gà-làm bplee
coliflor (f)	ดอกกะหล่ำ	dòrk gà-làm
col (f) de Bruselas	กะหล่ำดาว	gà-làm-daao
brócoli (m)	บร็อคโคลี่	bròrk-khoh-lêe
remolacha (f)	บีทรูท	bee-trôot
berenjena (f)	มะเขือยาว	má-khĕua-yaao
calabacín (m)	แตงซูคินี	dtaeng soo-khí-nee
calabaza (f)	ฟักทอง	fák-thorng
nabo (m)	หัวผักกาด	hŭa-phàk-gàat
perejil (m)	ผักชีฝรั่ง	phàk chee fà-ràng
eneldo (m)	ผักชีลาว	phàk-chee-laao
lechuga (f)	ผักกาดหอม	phàk gàat hŏrm
apio (m)	คื่นช่าย	khêun-châai
espárrago (m)	หน่อไม้ฝรั่ง	nòr máai fà-ràng
espinaca (f)	ผักขม	phàk khŏm
guisante (m)	ถั่วลันเตา	thùa-lan-dtao
habas (f pl)	ถั่ว	thùa
maíz (m)	ข้าวโพด	khâao-phôht
fréjol (m)	ถั่วรูปไต	thùa rôop dtai
pimiento (m) dulce	พริกหยวก	phrík-yùak
rábano (m)	หัวไชเท้า	hŭa chai tháo
alcachofa (f)	อาร์ติโชค	aa dtì chôhk

55. Las frutas. Las nueces

fruto (m)	ผลไม้	phŏn-lá-máai
manzana (f)	แอปเปิ้ล	àep-bpêrn
pera (f)	แพร์	phae
limón (m)	มะนาว	má-naao
naranja (f)	ส้ม	sôm
fresa (f)	สตรอว์เบอร์รี่	sà-dtror-ber-rêe
mandarina (f)	ส้มแมนดาริน	sôm maen daa rin
ciruela (f)	พลัม	phlam
melocotón (m)	ลูกท้อ	lôok thór
albaricoque (m)	แอปริคอท	ae-bpri-khôrt
frambuesa (f)	ราสเบอร์รี่	râat-ber-rêe
piña (f)	สับปะรด	sàp-bpà-rót
banana (f)	กล้วย	glûay
sandía (f)	แตงโม	dtaeng moh
uva (f)	องุ่น	a-ngùn
guinda (f)	เชอร์รี่	cher-rêe

cereza (f)	เชอร์รี่ป่า	cher-rêe bpàa
melón (m)	เมลอน	may-lorn
pomelo (m)	ส้มโอ	sôm oh
aguacate (m)	อะโวคาโด	a-who-khaa-doh
papaya (f)	มะละกอ	má-lá-gor
mango (m)	มะม่วง	má-mûang
granada (f)	ทับทิม	tháp-thim
grosella (f) roja	เรดเคอร์แรนท์	râyt-khêr-raen
grosella (f) negra	แบล็คเคอูรแรนท์	blàek khêr-raen
grosella (f) espinosa	กูสเบอรี่	gòot-ber-rêe
arándano (m)	บิลเบอรี่	bil-ber-rêe
zarzamoras (f pl)	แบล็คเบอรี่	blàek ber-rêe
pasas (f pl)	ลูกเกด	lôok gàyt
higo (m)	มะเดื่อฝรั่ง	má dèua fà-ràng
dátil (m)	ลูกอินทผลัม	lôok in-thá-plǎm
cacahuete (m)	ถั่วลิสง	thùa-lí-sǒng
almendra (f)	อัลมอนด์	an-morn
nuez (f)	วอลนัต	wor-lá-nát
avellana (f)	เฮเซลนัท	hay sayn nát
nuez (f) de coco	มะพร้าว	má-phráao
pistachos (m pl)	ถั่วพิสตาชิโอ	thùa phít dtaa chí oh

56. El pan. Los dulces

pasteles (m pl)	ขนม	khà-nǒm
pan (m)	ขนมปัง	khà-nǒm bpang
galletas (f pl)	คุกกี้	khúk-gêe
chocolate (m)	ช็อกโกแลต	chók-goh-láet
de chocolate (adj)	ช็อกโกแลต	chók-goh-láet
caramelo (m)	ลูกกวาด	lôok gwàat
tarta (f) (pequeña)	ขนมเค้ก	khà-nǒm kháyk
tarta (f) (~ de cumpleaños)	ขนมเคก	khà-nǒm kháyk
tarta (f) (~ de manzana)	ขนมพาย	khà-nǒm phaai
relleno (m)	ไส้ในขนม	sâi nai khà-nǒm
confitura (f)	แยม	yaem
mermelada (f)	แยมผิวส้ม	yaem phǐw sôm
gofre (m)	วาฟเฟิล	waaf-fern
helado (m)	ไอศกรีม	ai-sà-greem
pudin (m)	พุดดิ้ง	phút-dîng

57. Las especias

sal (f)	เกลือ	gleua
salado (adj)	เค็ม	khem
salar (vt)	ใส่เกลือ	sài gleua
pimienta (f) negra	พริกไทย	phrík thai
pimienta (f) roja	พริกแดง	phrík daeng
mostaza (f)	มัสตารด	mát-dtàat
rábano (m) picante	ฮอสแรดิช	hórt rae dìt
condimento (m)	เครื่องปรุงรส	khrêuang bprung rót
especia (f)	เครื่องเทศ	khrêuang thâyt
salsa (f)	ซอส	sós
vinagre (m)	น้ำสมสายชู	nám sôm sǎai choo
anís (m)	เทียนสัตตบุษย์	thian-sàt-dtà-bùt
albahaca (f)	ใบโหระพา	bai hǒh rá phaa
clavo (m)	กานพลู	gaan-phloo
jengibre (m)	ขิง	khǐng
cilantro (m)	ผักชีลา	pàk-chee-laa
canela (f)	อบเชย	òp-choie
sésamo (m)	งา	ngaa
hoja (f) de laurel	ใบกระวาน	bai grà-waan
paprika (f)	พริกป่น	phrík bpòn
comino (m)	เทียนตากบ	thian dtaa gòp
azafrán (m)	หญ้าฝรั่น	yâa fà-ràn

T&P BOOKS

LA INFORMACIÓN PERSONAL. LA FAMILIA

58. La información personal.
    Los formularios
59. Los familiares. Los parientes
60. Los amigos. Los compañeros
    del trabajo

T&P Books Publishing

nombre (m)	ชื่อ	chêu
apellido (m)	นามสกุล	naam sà-gun
fecha (f) de nacimiento	วันเกิด	wan gèrt
lugar (m) de nacimiento	สถานที่เกิด	sà-thǎan thêe gèrt

nacionalidad (f)	สัญชาติ	sǎn-châat
domicilio (m)	ที่อยู่อาศัย	thêe yòo aa-sǎi
país (m)	ประเทศ	bprà-thâyt
profesión (f)	อาชีพ	aa-chêep

sexo (m)	เพศ	phâyt
estatura (f)	ความสูง	khwaam sǒong
peso (m)	น้ำหนัก	nám nàk

59. Los familiares. Los parientes

madre (f)	มารดา	maan-daa
padre (m)	บิดา	bì-daa
hijo (m)	ลูกชาย	lôok chaai
hija (f)	ลูกสาว	lôok sǎao

hija (f) menor	ลูกสาวคนเล็ก	lôok sǎao khon lék
hijo (m) menor	ลูกชายคนเล็ก	lôok chaai khon lék
hija (f) mayor	ลูกสาวคนโต	lôok sǎao khon dtoh
hijo (m) mayor	ลูกชายคนโต	lôok chaai khon dtoh

hermano (m) mayor	พี่ชาย	phêe chaai
hermano (m) menor	น้องชาย	nórng chaai
hermana (f) mayor	พี่สาว	phêe sǎao
hermana (f) menor	น้องสาว	nórng sǎao

| primo (m) | ลูกพี่ลูกน้อง | lôok phêe lôok nórng |
| prima (f) | ลูกพี่ลูกน้อง | lôok phêe lôok nórng |

mamá (f)	แม่	mâe
papá (m)	พ่อ	phôr
padres (pl)	พ่อแม่	phôr mâe
niño -a (m, f)	เด็ก, ลูก	dèk, lôok
niños (pl)	เด็กๆ	dèk dèk

| abuela (f) | ย่า, ยาย | yâa, yaai |
| abuelo (m) | ปู่, ตา | bpòo, dtaa |

nieto (m)	หลานชาย	lăan chaai
nieta (f)	หลานสาว	lăan săao
nietos (pl)	หลานๆ	lăan

tío (m)	ลุง	lung
tía (f)	ป้า	bpâa
sobrino (m)	หลานชาย	lăan chaai
sobrina (f)	หลานสาว	lăan săao

suegra (f)	แม่ยาย	mâe yaai
suegro (m)	พ่อสามี	phôr săa-mee
yerno (m)	ลูกเขย	lôok khŏie
madrastra (f)	แม่เลี้ยง	mâe líang
padrastro (m)	พ่อเลี้ยง	phôr líang

niño (m) de pecho	ทารก	thaa-rók
bebé (m)	เด็กเล็ก	dèk lék
chico (m)	เด็ก	dèk

mujer (f)	ภรรยา	phan-rá-yaa
marido (m)	สามี	săa-mee
esposo (m)	สามี	săa-mee
esposa (f)	ภรรยา	phan-rá-yaa

casado (adj)	แต่งงานแล้ว	dtàeng ngaan láew
casada (adj)	แต่งงานแล้ว	dtàeng ngaan láew
soltero (adj)	เป็นโสด	bpen sòht
soltero (m)	ชายโสด	chaai sòht
divorciado (adj)	หย่าแล้ว	yàa láew
viuda (f)	แม่หม้าย	mâe mâai
viudo (m)	พ่อหม้าย	phôr mâai

pariente (m)	ญาติ	yâat
pariente (m) cercano	ญาติใกล้ชิด	yâat glâi chít
pariente (m) lejano	ญาติห่างๆ	yâat hàang hàang
parientes (pl)	ญาติๆ	yâat

huérfano (m)	เด็กชายกำพร้า	dèk chaai gam phráa
huérfana (f)	เด็กหญิงกำพรา	dèk yĭng gam phráa
tutor (m)	ผู้ปกครอง	phôo bpòk khrorng
adoptar (un niño)	บุญธรรม	bun tham
adoptar (una niña)	บุญธรรม	bun tham

60. Los amigos. Los compañeros del trabajo

amigo (m)	เพื่อน	phêuan
amiga (f)	เพื่อน	phêuan
amistad (f)	มิตรภาพ	mít-dtrà-phâap
ser amigo	เป็นเพื่อน	bpen phêuan
amigote (m)	เพื่อนสนิท	phêuan sà-nìt

amiguete (f)	เพื่อนสนิท	phêuan sà-nìt
compañero (m)	หุ้นส่วน	hûn sùan
jefe (m)	หัวหน้า	hŭa-nâa
superior (m)	ผู้บังคับบัญชา	phôo bang-kháp ban-chaa
propietario (m)	เจ้าของ	jâo khŏrng
subordinado (m)	ลูกน้อง	lôok nórng
colega (m, f)	เพื่อนร่วมงาน	phêuan rûam ngaan
conocido (m)	ผู้คุ้นเคย	phôo khún khoie
compañero (m) de viaje	เพื่อนร่วมทาง	pêuan rûam thaang
condiscípulo (m)	เพื่อนรุ่น	phêuan rûn
vecino (m)	เพื่อนบ้านผู้ชาย	phêuan bâan pôo chaai
vecina (f)	เพื่อนบ้านผู้หญิง	phêuan bâan phôo yĭng
vecinos (pl)	เพื่อนบ้าน	phêuan bâan

T&P BOOKS

EL CUERPO. LA MEDICINA

61. La cabeza
62. El cuerpo
63. Las enfermedades
64. Los síntomas. Los tratamientos. Unidad 1
65. Los síntomas. Los tratamientos. Unidad 2
66. Los síntomas. Los tratamientos. Unidad 3
67. La medicina. Las drogas. Los accesorios

T&P Books Publishing

cabeza (f)	หัว	hŭa
cara (f)	หนา	nâa
nariz (f)	จมูก	jà-mòok
boca (f)	ปาก	bpàak
ojo (m)	ตา	dtaa
ojos (m pl)	ตา	dtaa
pupila (f)	รูมานตา	roo mâan dtaa
ceja (f)	คิ้ว	khíw
pestaña (f)	ขนตา	khŏn dtaa
párpado (m)	เปลือกตา	bplèuak dtaa
lengua (f)	ลิ้น	lín
diente (m)	ฟัน	fan
labios (m pl)	ริมฝีปาก	rim fĕe bpàak
pómulos (m pl)	โหนกแกม	nòhk gâem
encía (f)	เหงือก	ngèuak
paladar (m)	เพดานปาก	phay-daan bpàak
ventanas (f pl)	รูจมูก	roo jà-mòok
mentón (m)	คาง	khaang
mandíbula (f)	ขากรรไกร	khăa gan-grai
mejilla (f)	แกม	gâem
frente (f)	หน้าผาก	nâa phàak
sien (f)	ขมับ	khà-màp
oreja (f)	หู	hŏo
nuca (f)	หลังศรีษะ	lăng sĕe-sà
cuello (m)	คอ	khor
garganta (f)	ลำคอ	lam khor
pelo, cabello (m)	ผม	phŏm
peinado (m)	ทรงผม	song phŏm
corte (m) de pelo	ทรงผม	song phŏm
peluca (f)	ผมปลอม	phŏm bplorm
bigote (m)	หนวด	nùat
barba (f)	เครา	krao
tener (~ la barba)	ลองไว้	lorng wái
trenza (f)	ผมเปีย	phŏm bpia
patillas (f pl)	จอน	jorn
pelirrojo (adj)	ผมแดง	phŏm daeng
gris, canoso (adj)	ผมหงอก	phŏm ngòrk

calvo (adj)	หัวล้าน	hŭa láan
calva (f)	หัวลาน	hŭa láan
cola (f) de caballo	ผมทรงหางม้า	phŏm song hăang máa
flequillo (m)	ผมม้า	phŏm máa

62. El cuerpo

mano (f)	มือ	meu
brazo (m)	แขน	khăen
dedo (m)	นิ้ว	níw
dedo (m) del pie	นิ้วเท้า	níw tháo
dedo (m) pulgar	นิ้วโป้ง	níw bpôhng
dedo (m) meñique	นิ้วก้อย	níw gôi
uña (f)	เล็บ	lép
puño (m)	กำปั้น	gam bpân
palma (f)	ฝ่ามือ	fàa meu
muñeca (f)	ข้อมือ	khôr meu
antebrazo (m)	แขนช่วงล่าง	khăen chûang lâang
codo (m)	ข้อศอก	khôr sòrk
hombro (m)	ไหล่	lài
pierna (f)	ขา	khăa
planta (f)	เท้า	tháo
rodilla (f)	หัวเข่า	hŭa khào
pantorrilla (f)	น่อง	nôrng
cadera (f)	สะโพก	sà-phôhk
talón (m)	ส้นเท้า	sôn tháo
cuerpo (m)	ร่างกาย	râang gaai
vientre (m)	ท้อง	thórng
pecho (m)	อก	òk
seno (m)	หน้าอก	nâa òk
lado (m), costado (m)	ข้าง	khâang
espalda (f)	หลัง	lăng
zona (f) lumbar	หลังส่วนล่าง	lăng sùan lâang
cintura (f), talle (m)	เอว	eo
ombligo (m)	สะดือ	sà-deu
nalgas (f pl)	กัน	gôn
trasero (m)	กัน	gôn
lunar (m)	ไฝเสน่ห์	făi sà-này
marca (f) de nacimiento	ปาน	bpaan
tatuaje (m)	รอยสัก	roi sàk
cicatriz (f)	แผลเป็น	phlăe bpen

63. Las enfermedades

enfermedad (f)	โรค	rôhk
estar enfermo	ป่วย	bpùay
salud (f)	สุขภาพ	sùk-khà-phâap
resfriado (m) (coriza)	น้ำมูกไหล	nám môok lǎi
angina (f)	ตอมทอนซิลอักเสบ	dtòm thorn-sin àk-sàyp
resfriado (m)	หวัด	wàt
resfriarse (vr)	เป็นหวัด	bpen wàt
bronquitis (f)	โรคหลอดลมอักเสบ	rôhk lòrt lom àk-sàyp
pulmonía (f)	โรคปอดบวม	rôhk bpòrt-buam
gripe (f)	ไข้หวัดใหญ	khâi wàt yài
miope (adj)	สายตาสั้น	sǎai dtaa sân
présbita (adj)	สายตายาว	sǎai dtaa yaao
estrabismo (m)	ตาเหล	dtaa lày
estrábico (m) (adj)	เป็นตาเหล	bpen dtaa kǎy rěu lày
catarata (f)	ตอกระจก	dtôr grà-jòk
glaucoma (m)	ตอหิน	dtôr hǐn
insulto (m)	โรคหลอดเลือดสมอง	rôhk lòrt lêuat sà-mǒrng
ataque (m) cardiaco	อาการหัวใจวาย	aa-gaan hǔa jai waai
infarto (m) de miocardio	กลามเนื้อหัวใจตาย	glâam néua hǔa jai dtaai
	เหตุขาดเลือด	hàyt khàat lêuat
parálisis (f)	อัมพาต	am-má-phâat
paralizar (vt)	ทำให้เป็น	tham hâi bpen
	อัมพาต	am-má-phâat
alergia (f)	ภูมิแพ้	phoom pháe
asma (f)	โรคหืด	rôhk hèut
diabetes (f)	โรคเบาหวาน	rôhk bao wǎan
dolor (m) de muelas	อาการปวดฟัน	aa-gaan bpùat fan
caries (f)	ฟันผุ	fan phù
diarrea (f)	อาการท้องเสีย	aa-gaan thórng sǐa
estreñimiento (m)	อาการทองผูก	aa-gaan thórng phòok
molestia (f) estomacal	อาการปวดทอง	aa-gaan bpùat thórng
envenenamiento (m)	ภาวะอาหารเป็นพิษ	phaa-wá aa hǎan bpen pít
envenenarse (vr)	กินอาหารเป็นพิษ	gin aa hǎan bpen phít
artritis (f)	โรคข้ออักเสบ	rôhk khôr àk-sàyp
raquitismo (m)	โรคกระดูกออน	rôhk grà-dòok òrn
reumatismo (m)	โรครูมาติก	rôhk roo-maa-dtìk
ateroesclerosis (f)	ภาวะหลอดเลือดแข็ง	phaa-wá lòrt lêuat khǎeng
gastritis (f)	โรคกระเพาะอาหาร	rôhk grà-phór aa-hǎan
apendicitis (f)	ไส้ติ่งอักเสบ	sâi dtìng àk-sàyp
colecistitis (f)	โรคถุงน้ำดี	rôhk thǔng nám dee
	อักเสบ	àk-sàyp

úlcera (f)	แผลเปื่อย	phlǎe bpèuay
sarampión (m)	โรคหัด	rôhk hàt
rubeola (f)	โรคหัดเยอรมัน	rôhk hàt yer-rá-man
ictericia (f)	โรคดีซ่าน	rôhk dee sâan
hepatitis (f)	โรคตับอักเสบ	rôhk dtàp àk-sàyp

esquizofrenia (f)	โรคจิตเภท	rôhk jìt-dtà-phâyt
rabia (f) (hidrofobia)	โรคพิษสุนัขบ้า	rôhk phít sù-nák bâa
neurosis (f)	โรคประสาท	rôhk bprà-sàat
conmoción (f) cerebral	สมองกระทบ กระเทือน	sà-mǒrng grà-thóp grà-theuan

cáncer (m)	มะเร็ง	má-reng
esclerosis (f)	การแข็งตัวของ เนื้อเยื่อร่างกาย	gaan kǎeng dtua kǒng néua yêua râang gaai
esclerosis (m) múltiple	โรคปลอกประสาท เสื่อมแข็ง	rôhk bplòk bprà-sàat sèuam kǎeng

alcoholismo (m)	โรคพิษสุราเรื้อรัง	rôhk phít sù-raa réua rang
alcohólico (m)	คนขี้เหล้า	khon khêe lâo
sífilis (f)	โรคซิฟิลิส	rôhk sí-fí-lít
SIDA (m)	โรคเอดส	rôhk àyt

tumor (m)	เนื้องอก	néua ngôk
maligno (adj)	ร้าย	ráai
benigno (adj)	ไม่ร้าย	mâi ráai

fiebre (f)	ไข้	khâi
malaria (f)	ไข้มาลาเรีย	kâi maa-laa-ria
gangrena (f)	เนื้อตายเน่า	néua dtaai nâo
mareo (m)	ภาวะเมาคลื่น	phaa-wá mao khlêun
epilepsia (f)	โรคลมบ้าหมู	rôhk lom bâa-mǒo

epidemia (f)	โรคระบาด	rôhk rá-bàat
tifus (m)	โรคราสาดใหญ่	rôhk râak-sàat yài
tuberculosis (f)	วัณโรค	wan-ná-rôhk
cólera (f)	อหิวาตกโรค	a-hì-wâat-gà-rôhk
peste (f)	กาฬโรค	gaan-lá-rôhk

64. Los síntomas. Los tratamientos. Unidad 1

síntoma (m)	อาการ	aa-gaan
temperatura (f)	อุณหภูมิ	un-hà-phoom
fiebre (f)	อุณหภูมิสูง	un-hà-phoom sǒong
pulso (m)	ชีพจร	chêep-phá-jon

mareo (m) (vértigo)	อาการเวียนหัว	aa-gaan wian hǔa
caliente (adj)	ร้อน	rórn
escalofrío (m)	หนาวสั่น	nǎao sàn
pálido (adj)	หนาเชียว	nâa sieow

tos (f)	การไอ	gaan ai
toser (vi)	ไอ	ai
estornudar (vi)	จาม	jaam
desmayo (m)	การเป็นลม	gaan bpen lom
desmayarse (vr)	เป็นลม	bpen lom
moradura (f)	ฟกช้ำ	fók chám
chichón (m)	บวม	buam
golpearse (vr)	ชน	chon
magulladura (f)	รอยฟกช้ำ	roi fók chám
magullarse (vr)	ได้รอยช้ำ	dâai roi chám
cojear (vi)	กะโผลกกะเผลก	gà-phlòhk-gà-phlàyk
dislocación (f)	ข้อหลุด	khôr lùt
dislocar (vt)	ทำข้อหลุด	tham khôr lùt
fractura (f)	กระดูกหัก	grà-dòok hàk
tener una fractura	หักกระดูก	hàk grà-dòok
corte (m) (tajo)	รอยบาด	roi bàat
cortarse (vr)	ทำบาด	tham bàat
hemorragia (f)	การเลือดไหล	gaan lêuat lăi
quemadura (f)	แผลไฟไหม้	phlăe fai mâi
quemarse (vr)	ได้รับแผลไฟไหม้	dâai ráp phlăe fai mâi
pincharse (~ el dedo)	ตำ	dtam
pincharse (vr)	ตำตัวเอง	dtam dtua ayng
herir (vt)	ทำให้บาดเจ็บ	tham hâi bàat jèp
herida (f)	การบาดเจ็บ	gaan bàat jèp
lesión (f) (herida)	แผล	phlăe
trauma (m)	แผลบาดเจ็บ	phlăe bàat jèp
delirar (vi)	คลุ้มคลั่ง	khlúm khlâng
tartamudear (vi)	พูดตะกุกตะกัก	phôot dtà-gùk-dtà-gàk
insolación (f)	โรคลมแดด	rôhk lom dàet

65. Los síntomas. Los tratamientos. Unidad 2

dolor (m)	ความเจ็บปวด	khwaam jèp bpùat
astilla (f)	เสี้ยน	sîan
sudor (m)	เหงื่อ	ngèua
sudar (vi)	เหงื่อออก	ngèua òrk
vómito (m)	การอาเจียน	gaan aa-jian
convulsiones (f pl)	การชัก	gaan chák
embarazada (adj)	ตั้งครรภ์	dtâng khan
nacer (vi)	เกิด	gèrt
parto (m)	การคลอด	gaan khlôrt
dar a luz	คลอดบุตร	khlôrt bùt

aborto (m)	การแท้งบุตร	gaan tháeng bùt
respiración (f)	การหายใจ	gaan hăai-jai
inspiración (f)	การหายใจเข้า	gaan hăai-jai khâo
espiración (f)	การหายใจออก	gaan hăai-jai òrk
espirar (vi)	หายใจออก	hăai-jai òrk
inspirar (vi)	หายใจเข้า	hăai-jai khâo
inválido (m)	คนพิการ	khon phí-gaan
mutilado (m)	พิการ	phí-gaan
drogadicto (m)	ผู้ติดยาเสพติด	phôo dtìt yaa-sàyp-dtìt
sordo (adj)	หูหนวก	hŏo nùak
mudo (adj)	เป็นใบ้	bpen bâi
sordomudo (adj)	หูหนวกเป็นใบ้	hŏo nùak bpen bâi
loco (adj)	บ้า	bâa
loco (m)	คนบ้า	khon bâa
loca (f)	คนบ้า	khon bâa
volverse loco	เสียสติ	sĭa sà-dtì
gen (m)	ยีน	yeun
inmunidad (f)	ภูมิคุ้มกัน	phoom khúm gan
hereditario (adj)	เป็นกรรมพันธุ์	bpen gam-má-phan
de nacimiento (adj)	แต่กำเนิด	dtàe gam-nèrt
virus (m)	เชื้อไวรัส	chéua wai-rát
microbio (m)	จุลินทรีย์	jù-lin-see
bacteria (f)	แบคทีเรีย	bàek-tee-ria
infección (f)	การติดเชื้อ	gaan dtìt chéua

66. Los síntomas. Los tratamientos. Unidad 3

hospital (m)	โรงพยาบาล	rohng phá-yaa-baan
paciente (m)	ผู้ป่วย	phôo bpùay
diagnosis (f)	การวินิจฉัยโรค	gaan wí-nít-chăi rôhk
cura (f)	การรักษา	gaan rák-săa
tratamiento (m)	การรักษา ทางการแพทย์	gaan rák-săa thaang gaan phâet
curarse (vr)	รับการรักษา	ráp gaan rák-săa
tratar (vt)	รักษา	rák-săa
cuidar (a un enfermo)	รักษา	rák-săa
cuidados (m pl)	การดูแลรักษา	gaan doo lae rák-săa
operación (f)	การผ่าตัด	gaan phàa dtàt
vendar (vt)	พันแผล	phan phlăe
vendaje (m)	การพันแผล	gaan phan phlăe
vacunación (f)	การฉีดวัคซีน	gaan chèet wák-seen
vacunar (vt)	ฉีดวัคซีน	chèet wák-seen

inyección (f)	การฉีดยา	gaan chèet yaa
aplicar una inyección	ฉีดยา	chèet yaa
ataque (m)	มีอาการเฉียบพลัน	mee aa-gaan chìap phlan
amputación (f)	การตัดอวัยวะออก	gaan dtàt a-wai-wá òrk
amputar (vt)	ตัด	dtàt
coma (m)	อาการโคม่า	aa-gaan khoh-mâa
estar en coma	อยู่ในอาการโคม่า	yòo nai aa-gaan khoh-mâa
revitalización (f)	หน่วยอภิบาล	nùay à-phí-baan
recuperarse (vr)	ฟื้นตัว	féun dtua
estado (m) (de salud)	อาการ	aa-gaan
consciencia (f)	สติสัมปชัญญะ	sà-dtì sǎm-bpà-chan-yá
memoria (f)	ความทรงจำ	khwaam song jam
extraer (un diente)	ถอน	thǒrn
empaste (m)	การอุด	gaan ùt
empastar (vt)	อุด	ùt
hipnosis (f)	การสะกดจิต	gaan sà-gòt jìt
hipnotizar (vt)	สะกดจิต	sà-gòt jìt

67. La medicina. Las drogas. Los accesorios

medicamento (m), droga (f)	ยา	yaa
remedio (m)	ยา	yaa
prescribir (vt)	จ่ายยา	jàai yaa
receta (f)	ใบสั่งยา	bai sàng yaa
tableta (f)	ยาเม็ด	yaa mét
ungüento (m)	ยาทา	yaa thaa
ampolla (f)	หลอดยา	lòrt yaa
mixtura (f), mezcla (f)	ยาส่วนผสม	yaa sùan phà-sǒm
sirope (m)	น้ำเชื่อม	nám chêuam
píldora (f)	ยาเม็ด	yaa mét
polvo (m)	ยาผง	yaa phǒng
venda (f)	ผ้าพันแผล	phâa phan phlǎe
algodón (m) (discos de ~)	สำลี	sǎm-lee
yodo (m)	ไอโอดีน	ai oh-deen
tirita (f), curita (f)	พลาสเตอร์	phláat-dtêr
pipeta (f)	ที่หยอดตา	thêe yòrt dtaa
termómetro (m)	ปรอท	bpa -ròrt
jeringa (f)	เข็มฉีดยา	khěm chèet-yaa
silla (f) de ruedas	รถเข็นคนพิการ	rót khěn khon phí-gaan
muletas (f pl)	ไม้ค้ำยัน	máai khám yan
anestésico (m)	ยาแก้ปวด	yaa gâe bpùat
purgante (m)	ยาระบาย	yaa rá-baai

alcohol (m)	เอธานอล	ay-thaa-norn
hierba (f) medicinal	สมุนไพร ทางการแพทย์	sà-mǔn phrai thaang gaan phâet
de hierbas (té ~)	สมุนไพร	sà-mǔn phrai

T&P BOOKS

EL APARTAMENTO

68. El apartamento
69. Los muebles. El interior
70. Los accesorios de cama
71. La cocina
72. El baño
73. Los aparatos domésticos

T&P Books Publishing

68. El apartamento

apartamento (m)	อูพาร์ตเมนต์	a-phâat-mayn
habitación (f)	ห้อง	hôrng
dormitorio (m)	ห้องนอน	hôrng norn
comedor (m)	ห้องรับประทาน อาหาร	hôrng ráp bprà-thaan aa-hǎan
salón (m)	ห้องนั่งเล่น	hôrng nâng lên
despacho (m)	ห้องทำงาน	hôrng tham ngaan
antecámara (f)	ห้องเข้า	hôrng khâo
cuarto (m) de baño	ห้องน้ำ	hôrng náam
servicio (m)	ห้องส้วม	hôrng sûam
techo (m)	เพดาน	phay-daan
suelo (m)	พื้น	phéun
rincón (m)	มุม	mum

69. Los muebles. El interior

muebles (m pl)	เครื่องเรือน	khrêuang reuan
mesa (f)	โต๊ะ	dtó
silla (f)	เก้าอี้	gâo-êe
cama (f)	เตียง	dtiang
sofá (m)	โซฟา	soh-faa
sillón (m)	เก้าอี้เท้าแขน	gâo-êe tháo khǎen
librería (f)	ตู้หนังสือ	dtôo nǎng-sěu
estante (m)	ชั้นวาง	chán waang
armario (m)	ตู้เสื้อผ้า	dtôo sêua phâa
percha (f)	ที่แขวนเสื้อ	thêe khwǎen sêua
perchero (m) de pie	ไม้แขวนเสื้อ	mái khwǎen sêua
cómoda (f)	ตู้ลิ้นชัก	dtôo lín chák
mesa (f) de café	โต๊ะกาแฟ	dtó gaa-fae
espejo (m)	กระจก	grà-jòk
tapiz (m)	พรม	phrom
alfombra (f)	พรมเช็ดเท้า	phrom chét tháo
chimenea (f)	เตาผิง	dtao phǐng
vela (f)	เทียน	thian
candelero (m)	เชิงเทียน	cherng thian

cortinas (f pl)	ผ้าแขวน	phâa khwăen
empapelado (m)	วอลเปเปอร์	worn-bpay-bper
estor (m) de láminas	บานเกล็ดหน้าต่าง	baan glèt nâa dtàang
lámpara (f) de mesa	โคมไฟตั้งโต๊ะ	khohm fai dtâng dtó
aplique (m)	ไฟติดผนัง	fai dtìt phà-năng
lámpara (f) de pie	โคมไฟตั้งพื้น	khohm fai dtâng phéun
lámpara (f) de araña	โคมระย้า	khohm rá-yáa
pata (f) (~ de la mesa)	ขา	khăa
brazo (m)	ที่พักแขน	thêe phák khăen
espaldar (m)	พนักพิง	phá-nák phing
cajón (m)	ลิ้นชัก	lín chák

70. Los accesorios de cama

ropa (f) de cama	ชุดผ้าปูที่นอน	chút phâa bpoo thêe norn
almohada (f)	หมอน	mŏrn
funda (f)	ปลอกหมอน	bplòk mŏrn
manta (f)	ผ้าห่วย	phâa phŭay
sábana (f)	ผ้าปู	phâa bpoo
sobrecama (f)	ผ้าคลุมเตียง	phâa khlum dtiang

71. La cocina

cocina (f)	ห้องครัว	hôrng khrua
gas (m)	แก๊ส	gáet
cocina (f) de gas	เตาแก๊ส	dtao gàet
cocina (f) eléctrica	เตาไฟฟ้า	dtao fai-fáa
horno (m)	เตาอบ	dtao òp
horno (m) microondas	เตาอบไมโครเวฟ	dtao òp mai-khroh-we p
frigorífico (m)	ตู้เย็น	dtôo yen
congelador (m)	ตู้แช่แข็ง	dtôo châe khăeng
lavavajillas (m)	เครื่องล้างจาน	khrêuang láang jaan
picadora (f) de carne	เครื่องบดเนื้อ	khrêuang bòt néua
exprimidor (m)	เครื่องคั้น	khrêuang khán
	น้ำผลไม้	náam phŏn-lá-mái
tostador (m)	เครื่องปิ้ง	khrêuang bpîng
	ขนมปัง	khà-nŏm bpang
batidora (f)	เครื่องปั่น	khrêuang bpàn
cafetera (f) (aparato de cocina)	เครื่องชงกาแฟ	khrêuang chong gaa-fae
cafetera (f) (para servir)	หม้อกาแฟ	môr gaa-fae
molinillo (m) de café	เครื่องบดกาแฟ	khrêuang bòt gaa-fae
hervidor (m) de agua	กาน้ำ	gaa náam

tetera (f)	กาน้ำชา	gaa náam chaa
tapa (f)	ฝา	fǎa
colador (m) de té	ที่กรองชา	thêe grorng chaa

cuchara (f)	ช้อน	chórn
cucharilla (f)	ช้อนชา	chórn chaa
cuchara (f) de sopa	ช้อนซุป	chórn súp
tenedor (m)	สอม	sôrm
cuchillo (m)	มีด	mêet

vajilla (f)	ถ้วยชาม	thûay chaam
plato (m)	จาน	jaan
platillo (m)	จานรอง	jaan rorng

vaso (m) de chupito	แก้วช็อต	gâew chórt
vaso (m) (~ de agua)	แกว	gâew
taza (f)	ถวย	thûay

azucarera (f)	โถน้ำตาล	thǒh náam dtaan
salero (m)	กระปุกเกลือ	grà-bpùk gleua
pimentero (m)	กระปุกพริกไท	grà-bpùk phrík thai
mantequera (f)	ที่ใส่เนย	thêe sài noie

cacerola (f)	หม้อต้ม	môr dtôm
sartén (f)	กระทะ	grà-thá
cucharón (m)	กระบวย	grà-buay
colador (m)	กระชอน	grà chorn
bandeja (f)	ถาด	thàat

botella (f)	ขวด	khùat
tarro (m) de vidrio	ขวดโหล	khùat lǒh
lata (f)	กระป๋อง	grà-bpǒrng

abrebotellas (m)	ที่เปิดขวด	thêe bpèrt khùat
abrelatas (m)	ที่เปิดกระป๋อง	thêe bpèrt grà-bpǒrng
sacacorchos (m)	ที่เปิดจุก	thêe bpèrt jùk
filtro (m)	ที่กรอง	thêe grorng
filtrar (vt)	กรอง	grorng

| basura (f) | ขยะ | khà-yà |
| cubo (m) de basura | ถังขยะ | thǎng khà-yà |

72. El baño

cuarto (m) de baño	ห้องน้ำ	hôrng náam
agua (f)	น้ำ	nám
grifo (m)	ก๊อกน้ำ	gók náam
agua (f) caliente	น้ำร้อน	nám rórn
agua (f) fría	น้ำเย็น	nám yen
pasta (f) de dientes	ยาสีฟัน	yaa sěe fan

limpiarse los dientes	แปรงฟัน	bpraeng fan
cepillo (m) de dientes	แปรงสีฟัน	bpraeng sěe fan
afeitarse (vr)	โกน	gohn
espuma (f) de afeitar	โฟมโกนหนวด	fohm gohn nùat
maquinilla (f) de afeitar	มีดโกน	mêet gohn
lavar (vt)	ล้าง	láang
darse un baño	อาบ	àap
ducha (f)	ฝักบัว	fàk bua
darse una ducha	อาบน้ำฝักบัว	àap náam fàk bua
bañera (f)	อ่างอาบน้ำ	àang àap náam
inodoro (m)	โถส้วมโครก	thǒh chák khrôhk
lavabo (m)	อ่างล้างหน้า	àang láang-nâa
jabón (m)	สบู่	sà-bòo
jabonera (f)	ที่ใส่สบู่	thêe sài sà-bòo
esponja (f)	ฟองน้ำ	forng náam
champú (m)	แชมพู	chaem-phoo
toalla (f)	ผ้าเช็ดตัว	phâa chét dtua
bata (f) de baño	เสื้อคลุมอาบน้ำ	sêua khlum àap náam
colada (f), lavado (m)	การซักผ้า	gaan sák phâa
lavadora (f)	เครื่องซักผ้า	khrêuang sák phâa
lavar la ropa	ซักผ้า	sák phâa
detergente (m) en polvo	ผงซักฟอก	phǒng sák-fôrk

73. Los aparatos domésticos

televisor (m)	ทีวี	thee-wee
magnetófono (m)	เครื่องบันทึกเทป	khrêuang ban-théuk thâyp
vídeo (m)	เครื่องบันทึก วิดีโอ	khrêuang ban-théuk wí-dee-oh
radio (m)	วิทยุ	wít-thá-yú
reproductor (m) (~ MP3)	เครื่องเล่น	khrêuang lên
proyector (m) de vídeo	โปรเจ็คเตอร์	bproh-jèk-dtêr
sistema (m) home cinema	เครื่องฉาย ภาพยนตร์ที่บ้าน	khhrêuang chǎai phâap-phá-yon thêe bâan
reproductor (m) de DVD	เครื่องเล่น DVD	khrêuang lên dee-wee-dee
amplificador (m)	เครื่องขยายเสียง	khrêuang khà-yǎi sǐang
videoconsola (f)	เครื่องเกม คอนโซล	khrêuang gaym khorn sohn
cámara (f) de vídeo	กล้องถ่ายวิดีโอ	glôrng thàai wí-dee-oh
cámara (f) fotográfica	กล้องถ่ายรูป	glôrng thàai rôop
cámara (f) digital	กล้องดิจิตอล	glôrng dì-jì-dton
aspirador (m), aspiradora (f)	เครื่องดูดฝุ่น	khrêuang dòot fùn

plancha (f)	เตารีด	dtao rêet
tabla (f) de planchar	กระดานรองรีด	grà-daan rorng rêet
teléfono (m)	โทรศัพท์	thoh-rá-sàp
teléfono (m) móvil	มือถือ	meu thěu
máquina (f) de escribir	เครื่องพิมพ์ดีด	khrêuang phim dèet
máquina (f) de coser	จักรเย็บผ้า	jàk yép phâa
micrófono (m)	ไมโครโฟน	mai-khroh-fohn
auriculares (m pl)	หูฟัง	hǒo fang
mando (m) a distancia	รีโมททีวี	ree môht thee wee
CD (m)	CD	see-dee
casete (m)	เทป	thâyp
disco (m) de vinilo	จานเสียง	jaan sǐang

T&P BOOKS

LA TIERRA. EL TIEMPO

74. El espacio
75. La tierra
76. Los puntos cardinales
77. El mar. El océano
78. Los nombres de los mares y los océanos
79. Las montañas
80. Los nombres de las montañas
81. Los ríos
82. Los nombres de los ríos
83. El bosque
84. Los recursos naturales
85. El tiempo
86. Los eventos climáticos severos. Los desastres naturales

T&P Books Publishing

cosmos (m)	อวกาศ	a-wá-gàat
espacial, cósmico (adj)	ทางอวกาศ	thang a-wá-gàat
espacio (m) cósmico	อวกาศ	a-wá-gàat
mundo (m)	โลก	lôhk
universo (m)	จักรวาล	jàk-grà-waan
galaxia (f)	ดาราจักร	daa-raa jàk
estrella (f)	ดาว	daao
constelación (f)	กลุ่มดาว	glùm daao
planeta (m)	ดาวเคราะห์	daao khrór
satélite (m)	ดาวเทียม	daao thiam
meteorito (m)	ดาวตก	daao dtòk
cometa (m)	ดาวหาง	daao hăang
asteroide (m)	ดาวเคราะห์น้อย	daao khrór nói
órbita (f)	วงโคจร	wong khoh-jon
girar (vi)	เวียน	wian
atmósfera (f)	บรรยากาศ	ban-yaa-gàat
Sol (m)	ดวงอาทิตย์	duang aa-thít
sistema (m) solar	ระบบสุริยะ	rá-bòp sù-rí-yá
eclipse (m) de Sol	สุริยุปราคา	sù-rí-yú-bpà-raa-kaa
Tierra (f)	โลก	lôhk
Luna (f)	ดวงจันทร์	duang jan
Marte (m)	ดาวอังคาร	daao ang-khaan
Venus (f)	ดาวศุกร์	daao sùk
Júpiter (m)	ดาวพฤหัส	daao phá-réu-hàt
Saturno (m)	ดาวเสาร์	daao săo
Mercurio (m)	ดาวพุธ	daao phút
Urano (m)	ดาวยูเรนัส	daao-yoo-ray-nát
Neptuno (m)	ดาวเนปจูน	daao-nâyp-joon
Plutón (m)	ดาวพลูโต	daao phloo-dtoh
la Vía Láctea	ทางช้างเผือก	thaang cháang phèuak
la Osa Mayor	กลุ่มดาวหมีใหญ่	glùm daao mĕe yài
la Estrella Polar	ดาวเหนือ	daao nĕua
marciano (m)	ชาวดาวอังคาร	chaao daao ang-khaan
extraterrestre (m)	มนุษย์ต่างดาว	má-nút dtàang daao

planetícola (m)	มนุษย์ต่างดาว	má-nút dtàang daao
platillo (m) volante	จานบิน	jaan bin
nave (f) espacial	ยานอวกาศ	yaan a-wá-gàat
estación (f) orbital	สถานีอวกาศ	sà-thǎa-nee a-wá-gàat
despegue (m)	การปล่อยจรวด	gaan bplòi jà-rùat
motor (m)	เครื่องยนต์	khrêuang yon
tobera (f)	ท่อไอพ่น	thôr ai phôn
combustible (m)	เชื้อเพลิง	chéua phlerng
carlinga (f)	ที่นั่งคนขับ	thêe nâng khon khàp
antena (f)	เสาอากาศ	sǎo aa-gàat
ventana (f)	ช่อง	chôrng
batería (f) solar	อุปกรณ์พลังงานแสงอาทิตย์	ù-bpà-gon phá-lang ngaan sǎeng aa-thít
escafandra (f)	ชุดอวกาศ	chút a-wá-gàat
ingravidez (f)	สภาพไร้น้ำหนัก	sà-phâap rái nám nàk
oxígeno (m)	อ็อกซิเจน	ók sí jayn
atraque (m)	การเทียบท่า	gaan thîap thâa
realizar el atraque	เทียบท่า	thîap thâa
observatorio (m)	หอดูดาว	hǒr doo daao
telescopio (m)	กล้องโทรทรรศน์	glôrng thoh-rá-thát
observar (vt)	เฝ้าสังเกต	fâo sǎng-gàyt
explorar (~ el universo)	สำรวจ	sǎm-rùat

75. La tierra

Tierra (f)	โลก	lôhk
globo (m) terrestre	ลูกโลก	lôok lôhk
planeta (m)	ดาวเคราะห์	daao khrór
atmósfera (f)	บรรยากาศ	ban-yaa-gàat
geografía (f)	ภูมิศาสตร์	phoo-mí-sàat
naturaleza (f)	ธรรมชาติ	tham-má-châat
globo (m) terráqueo	ลูกโลก	lôok lôhk
mapa (m)	แผนที่	phǎen thêe
atlas (m)	หนังสือแผนที่โลก	nǎng-sěu phǎen thêe lôhk
Europa (f)	ยุโรป	yú-ròhp
Asia (f)	เอเชีย	ay-chia
África (f)	แอฟริกา	àef-rí-gaa
Australia (f)	ออสเตรเลีย	òrt-dtray-lia
América (f)	อเมริกา	a-may-rí-gaa
América (f) del Norte	อเมริกาเหนือ	a-may-rí-gaa něua

América (f) del Sur	อเมริกาใต้	a-may-rí-gaa dtâi
Antártida (f)	แอนตาร์กติกา	aen-dtàak-dtì-gaa
Ártico (m)	อารกติค	àak-dtìk

76. Los puntos cardinales

norte (m)	เหนือ	nĕua
al norte	ทิศเหนือ	thít nĕua
en el norte	ที่ภาคเหนือ	thêe phâak nĕua
del norte (adj)	ทางเหนือ	thaang nĕua
sur (m)	ใต้	dtâi
al sur	ทิศใต้	thít dtâi
en el sur	ที่ภาคใต้	thêe phâak dtâi
del sur (adj)	ทางใต้	thaang dtâi
oeste (m)	ตะวันตก	dtà-wan dtòk
al oeste	ทิศตะวันตก	thít dtà-wan dtòk
en el oeste	ที่ภาคตะวันตก	thêe phâak dtà-wan dtòk
del oeste (adj)	ทางตะวันตก	thaang dtà-wan dtòk
este (m)	ตะวันออก	dtà-wan òrk
al este	ทิศตะวันออก	thít dtà-wan òrk
en el este	ที่ภาคตะวันออก	thêe phâak dtà-wan òrk
del este (adj)	ทางตะวันออก	thaang dtà-wan òrk

77. El mar. El océano

mar (m)	ทะเล	thá-lay
océano (m)	มหาสมุทร	má-hăa sà-mùt
golfo (m)	อ่าว	àao
estrecho (m)	ช่องแคบ	chôrng khâep
tierra (f) firme	พื้นดิน	phéun din
continente (m)	ทวีป	thá-wêep
isla (f)	เกาะ	gòr
península (f)	คาบสมุทร	khâap sà-mùt
archipiélago (m)	หมู่เกาะ	mòo gòr
bahía (f)	อ่าว	àao
ensenada, bahía (f)	ท่าเรือ	thâa reua
laguna (f)	ลากูน	laa-goon
cabo (m)	แหลม	lăem
atolón (m)	อะทอลล์	à-thorn
arrecife (m)	แนวปะการัง	naew bpà-gaa-rang
coral (m)	ปะการัง	bpà gaa-rang

arrecife (m) de coral	แนวปะการัง	naew bpà-gaa-rang
profundo (adj)	ลึก	léuk
profundidad (f)	ความลึก	khwaam léuk
abismo (m)	หุบเหวลึก	hùp wǎy léuk
fosa (f) oceánica	ร่องลึกก้นสมุทร	rông léuk gôn sà-mùt
corriente (f)	กระแสน้ำ	grà-sǎe náam
bañar (rodear)	ล้อมรอบ	lórm rôrp
orilla (f)	ชายฝั่ง	chaai fàng
costa (f)	ชายฝั่ง	chaai fàng
flujo (m)	น้ำขึ้น	náam khêun
reflujo (m)	น้ำลง	náam long
banco (m) de arena	หาดตื้น	hàat dtêun
fondo (m)	ก้นทะเล	gôn thá-lay
ola (f)	คลื่น	khlêun
cresta (f) de la ola	ม้วนคลื่น	múan khlêun
espuma (f)	ฟองคลื่น	forng khlêun
tempestad (f)	พายุ	phaa-yú
huracán (m)	พายุเฮอร์ริเคน	phaa-yú her-rí-khayn
tsunami (m)	คลื่นยักษ์	khlêun yák
bonanza (f)	ภาวะไร้ลมพัด	phaa-wá rái lom phát
calmo, tranquilo	สงบ	sà-ngòp
polo (m)	ขั้วโลก	khûa lôhk
polar (adj)	ขั้วโลก	khûa lôhk
latitud (f)	เส้นรุ้ง	sên rúng
longitud (f)	เส้นแวง	sên waeng
paralelo (m)	เส้นขนาน	sên khà-nǎan
ecuador (m)	เส้นศูนย์สูตร	sên sǒon sòot
cielo (m)	ท้องฟ้า	thórng fáa
horizonte (m)	ขอบฟ้า	khòrp fáa
aire (m)	อากาศ	aa-gàat
faro (m)	ประภาคาร	bprà-phaa-khaan
bucear (vi)	ดำ	dam
hundirse (vr)	จม	jom
tesoros (m pl)	สมบัติ	sǒm-bàt

78. Los nombres de los mares y los océanos

océano (m) Atlántico	มหาสมุทร แอตแลนติก	má-hǎa sà-mùt àet-laen-dtìk
océano (m) Índico	มหาสมุทรอินเดีย	má-hǎa sà-mùt in-dia
océano (m) Pacífico	มหาสมุทรแปซิฟิก	má-hǎa sà-mùt bpae-sí-fík

océano (m) Glacial Ártico	มหาสมุทรอาร์คติก	má-hǎa sà-mùt aa-ká-dtìk
mar (m) Negro	ทะเลดำ	thá-lay dam
mar (m) Rojo	ทะเลแดง	thá-lay daeng
mar (m) Amarillo	ทะเลเหลือง	thá-lay lěuang
mar (m) Blanco	ทะเลขาว	thá-lay khǎao
mar (m) Caspio	ทะเลแคสเปียน	thá-lay khâet-bpian
mar (m) Muerto	ทะเลเดดซี	thá-lay dàyt-see
mar (m) Mediterráneo	ทะเลเมดิเตอรเรเนียน	thá-lay may-dì-dtêr-ray-nian
mar (m) Egeo	ทะเลเอเจี้ยน	thá-lay ay-jîan
mar (m) Adriático	ทะเลเอเดรียติก	thá-lay ay-day-ree-yá-dtìk
mar (m) Arábigo	ทะเลอาหรับ	thá-lay aa-ràp
mar (m) del Japón	ทะเลญี่ปุ่น	thá-lay yêe-bpùn
mar (m) de Bering	ทะเลเบริ่ง	thá-lay bae-rîng
mar (m) de la China Meridional	ทะเลจีนใต้	thá-lay jeen-dtâi
mar (m) del Coral	ทะเลคอรัล	thá-lay khor-ran
mar (m) de Tasmania	ทะเลแทสมัน	thá-lay thâet man
mar (m) Caribe	ทะเลแคริบเบียน	thá-lay khae-ríp-bian
mar (m) de Barents	ทะเลบาเรนท์	thá-lay baa-rayn
mar (m) de Kara	ทะเลคารา	thá-lay khaa-raa
mar (m) del Norte	ทะเลเหนือ	thá-lay něua
mar (m) Báltico	ทะเลบอลติก	thá-lay bon-dtìk
mar (m) de Noruega	ทะเลนอรเวย์	thá-lay nor-rá-way

79. Las montañas

montaña (f)	ภูเขา	phoo khǎo
cadena (f) de montañas	ทิ่วเขา	thiw khǎo
cresta (f) de montañas	สันเขา	sǎn khǎo
cima (f)	ยอดเขา	yôrt khǎo
pico (m)	ยอด	yôrt
pie (m)	ตีนเขา	dteun khǎo
cuesta (f)	ไหลเขา	lài khǎo
volcán (m)	ภูเขาไฟ	phoo khǎo fai
volcán (m) activo	ภูเขาไฟมีพลัง	phoo khǎo fai mee phá-lang
volcán (m) apagado	ภูเขาไฟที่ดับแล้ว	phoo khǎo fai thêe dàp láew
erupción (f)	ภูเขาไฟระเบิด	phoo khǎo fai rá-bèrt
cráter (m)	ปล่องภูเขาไฟ	bplòng phoo khǎo fai

magma (m)	หินหนืด	hǐn nèut
lava (f)	ลาวา	laa-waa
fundido (lava ~a)	หลอมเหลว	lǒrm lěo
cañón (m)	หุบเขาลึก	hùp khǎo léuk
desfiladero (m)	ช่องเขา	chôrng khǎo
grieta (f)	รอยแตกภูเขา	roi dtàek phoo khǎo
precipicio (m)	หุบเหวลึก	hùp wǎy léuk
puerto (m) (paso)	ทางผ่าน	thaang phàan
meseta (f)	ที่ราบสูง	thêe râap sǒong
roca (f)	หน้าผา	nâa phǎa
colina (f)	เนินเขา	nern khǎo
glaciar (m)	ธารน้ำแข็ง	thaan náam khǎeng
cascada (f)	น้ำตก	nám dtòk
geiser (m)	น้ำพุร้อน	nám phú rórn
lago (m)	ทะเลสาบ	thá-lay sàap
llanura (f)	ที่ราบ	thêe râap
paisaje (m)	ภูมิทัศน์	phoom thát
eco (m)	เสียงสะท้อน	sǐang sà-thón
alpinista (m)	นักปีนเขา	nák bpeen khǎo
escalador (m)	นักไต่เขา	nák dtài khǎo
conquistar (vt)	ไต่เขาถึงยอด	dtài khǎo thěung yôt
ascensión (f)	การปีนเขา	gaan bpeen khǎo

80. Los nombres de las montañas

Alpes (m pl)	เทือกเขาแอลป์	thêuak-khǎo-aen
Montblanc (m)	ยอดเขามงบล็อง	yôt khǎo mong-bà-lǒng
Pirineos (m pl)	เทือกเขาไพรีนีส	thêuak khǎo pai-ree-nêet
Cárpatos (m pl)	เทือกเขา คาร์เพเทียน	thêuak khǎo khaa-phay-thian
Urales (m pl)	เทือกเขายูรัล	thêuak khǎo yoo-ran
Cáucaso (m)	เทือกเขาคอเคซัส	thêuak khǎo khor-khay-sát
Elbrus (m)	ยอดเขาเอลบรุส	yôt khǎo ayn-brùt
Altai (m)	เทือกเขาอัลไต	thêuak khǎo an-dtai
Tian-Shan (m)	เทือกเขาเทียนชาน	thêuak khǎo thian-chaan
Pamir (m)	เทือกเขาพาเมียร์	thêuak khǎo paa-mia
Himalayos (m pl)	เทือกเขาหิมาลัย	thêuak khǎo hì-maa-lai
Everest (m)	ยอดเขาเอเวอเรสต์	yôt khǎo ay-wer-râyt
Andes (m pl)	เทือกเขาแอนดีส	thêuak-khǎo-aen-dèet
Kilimanjaro (m)	ยอดเขาคิลิมันจาโร	yôt khǎo khí-lí-man-jaa-roh

81. Los ríos

río (m)	แม่น้ำ	mâe náam
manantial (m)	แหล่งน้ำแร่	làeng náam râe
lecho (m) (curso de agua)	เส้นทางแม่น้ำ	sên thaang mâe náam
cuenca (f) fluvial	ลุ่มน้ำ	lûm náam
desembocar en …	ไหลไปสู่…	lǎi bpai sòo…

| afluente (m) | สาขา | sǎa-khǎa |
| ribera (f) | ฝั่งแม่น้ำ | fàng mâe náam |

corriente (f)	กระแสน้ำ	grà-sǎe náam
río abajo (adv)	ตามกระแสน้ำ	dtaam grà-sǎe náam
río arriba (adv)	ทวนน้ำ	thuan náam

inundación (f)	น้ำท่วม	nám thûam
riada (f)	น้ำท่วม	nám thûam
desbordarse (vr)	เอ่อล้น	èr lón
inundar (vt)	ท่วม	thûam

| bajo (m) arenoso | บริเวณน้ำตื้น | bor-rí-wayn nám dtêun |
| rápido (m) | กระแสน้ำเชี่ยว | grà-sǎe nám-chîeow |

presa (f)	เขื่อน	khèuan
canal (m)	คลอง	khlorng
lago (m) artificiale	ที่เก็บกักน้ำ	thêe gèp gàk náam
esclusa (f)	ประตูระบายน้ำ	bprà-dtoo rá-baai náam

cuerpo (m) de agua	พื้นน้ำ	phéun náam
pantano (m)	บึง	beung
ciénaga (f)	ห้วย	hûay
remolino (m)	น้ำวน	nám won

arroyo (m)	ลำธาร	lam thaan
potable (adj)	น้ำดื่มได้	nám dèum dâai
dulce (agua ~)	น้ำจืด	nám jèut

| hielo (m) | น้ำแข็ง | nám khǎeng |
| helarse (el lago, etc.) | แช่แข็ง | châe khǎeng |

82. Los nombres de los ríos

| Sena (m) | แม่น้ำเซน | mâe náam sayn |
| Loira (m) | แม่น้ำลัวร์ | mâe-náam lua |

Támesis (m)	แม่น้ำเทมส์	mâe-náam them
Rin (m)	แม่น้ำไรน์	mâe-náam rai
Danubio (m)	แม่น้ำดานูบ	mâe-náam daa-nôop
Volga (m)	แม่น้ำวอลกา	mâe-náam won-gaa

Don (m)	แม่น้ำดอน	mâe-náam don
Lena (m)	แม่น้ำลีนา	mâe-náam lee-naa
Río (m) Amarillo	แม่น้ำหวง	mâe-náam hǔang
Río (m) Azul	แม่น้ำแยงซี	mâe-náam yaeng-see
Mekong (m)	แม่น้ำโขง	mâe-náam khǒhng
Ganges (m)	แม่น้ำคงคา	mâe-náam khong-khaa
Nilo (m)	แม่น้ำไนล์	mâe-náam nai
Congo (m)	แม่น้ำคองโก	mâe-náam khong-goh
Okavango (m)	แม่น้ำ	mâe-náam oh-khaa
	โอคาวังโก	wang goh
Zambeze (m)	แม่น้ำแซมบีซี	mâe-náam saem bee see
Limpopo (m)	แม่น้ำลิมโปโป	mâe-náam lim-bpoh-bpoh
Misisipi (m)	แม่น้ำ	mâe-náam
	มิสซิสซิปปี	mít-sít-síp-bpee

83. El bosque

bosque (m)	ป่าไม้	bpàa máai
de bosque (adj)	ป่า	bpàa
espesura (f)	ป่าทึบ	bpàa théup
bosquecillo (m)	ป่าละเมาะ	bpàa lá-mór
claro (m)	ทุ่งโล่ง	thûng lôhng
maleza (f)	ป่าละเมาะ	bpàa lá-mór
matorral (m)	ป่าละเมาะ	bpàa lá-mór
senda (f)	ทางเดิน	thaang dern
barranco (m)	รองธาร	rông thaan
árbol (m)	ต้นไม้	dtôn máai
hoja (f)	ใบไม้	bai máai
follaje (m)	ใบไม้	bai máai
caída (f) de hojas	ใบไม้ร่วง	bai máai rûang
caer (las hojas)	ร่วง	rûang
cima (f)	ยอด	yôrt
rama (f)	กิ่ง	gìng
rama (f) (gruesa)	กานไม้	gâan mái
brote (m)	ยอดอ่อน	yôrt òrn
aguja (f)	เข็ม	khěm
piña (f)	ลูกสน	lôok sǒn
agujero (m)	โพรงไม้	phrohng máai
nido (m)	รัง	rang
tronco (m)	ลำต้น	lam dtôn
raíz (f)	ราก	râak

| corteza (f) | เปลือกไม้ | bplèuak máai |
| musgo (m) | มอส | môt |

extirpar (vt)	ถอนราก	thŏrn râak
talar (vt)	โค่น	khôhn
deforestar (vt)	ตัดไม้ทำลายป่า	dtàt mái tham laai bpàa
tocón (m)	ตอไม้	dtor máai

hoguera (f)	กองไฟ	gorng fai
incendio (m) forestal	ไฟป่า	fai bpàa
apagar (~ el incendio)	ดับไฟ	dàp fai

guarda (m) forestal	เจ้าหน้าที่ดูแลป่า	jâo nâa-thêe doo lae bpàa
protección (f)	การปกป้อง	gaan bpòk bpôrng
proteger (vt)	ปกป้อง	bpòk bpôrng
cazador (m) furtivo	นักลอบล่าสัตว์	nák lôrp lâa sàt
cepo (m)	กับดักเหล็ก	gàp dàk lèk

| recoger (setas, bayas) | เก็บ | gèp |
| perderse (vr) | หลงทาง | lŏng thaang |

84. Los recursos naturales

recursos (m pl) naturales	ทรัพยากรธรรมชาติ	sáp-pá-yaa-gon tham-má-châat
recursos (m pl) subterráneos	แร่	râe
depósitos (m pl)	ตะกอน	dtà-gorn
yacimiento (m)	บ่อ	bòr

extraer (vt)	ขุดแร่	khùt râe
extracción (f)	การขุดแร่	gaan khùt râe
mena (f)	แร่	râe
mina (f)	เหมืองแร่	měuang râe
pozo (m) de mina	ช่องเหมือง	chôrng měuang
minero (m)	คนงานเหมือง	khon ngaan měuang

gas (m)	แก๊ส	gáet
gasoducto (m)	ท่อแก๊ส	thôr gáet
petróleo (m)	น้ำมัน	nám man
oleoducto (m)	ท่อน้ำมัน	thôr náam man
pozo (m) de petróleo	บ่อน้ำมัน	bòr náam man
torre (f) de sondeo	ปั่นจั่นขนาดใหญ่	bpân jàn khà-nàat yài
petrolero (m)	เรือบรรทุกน้ำมัน	reua ban-thúk nám man

arena (f)	ทราย	saai
caliza (f)	หินปูน	hǐn bpoon
grava (f)	กรวด	grùat
turba (f)	พีต	phêet
arcilla (f)	ดินเหนียว	din nǐeow

carbón (m)	ถ่านหิน	thàan hĭn
hierro (m)	เหล็ก	lèk
oro (m)	ทอง	thorng
plata (f)	เงิน	ngern
níquel (m)	นิเกิล	ní-gêrn
cobre (m)	ทองแดง	thorng daeng
zinc (m)	สังกะสี	săng-gà-sĕe
manganeso (m)	แมงกานีส	maeng-gaa-nêet
mercurio (m)	ปรอท	bpa -ròrt
plomo (m)	ตะกั่ว	dtà-gùa
mineral (m)	แร่	râe
cristal (m)	ผลึก	phà-lèuk
mármol (m)	หินอ่อน	hĭn òrn
uranio (m)	ยูเรเนียม	yoo-ray-niam

85. El tiempo

tiempo (m)	สภาพอากาศ	sà-phâap aa-gàat
previsión (f) del tiempo	พยากรณ์	phá-yaa-gon
	สภาพอากาศ	sà-phâap aa-gàat
temperatura (f)	อุณหภูมิ	un-hà-phoom
termómetro (m)	ปรอทวัดอุณหภูมิ	bpà-ròrt wát un-hà-phoom
barómetro (m)	เครื่องวัดความดัน	khrêuang wát khwaam dan
	บรรยากาศ	ban-yaa-gàat
húmedo (adj)	ชื้น	chéun
humedad (f)	ความชื้น	khwaam chéun
bochorno (m)	ความร้อน	khwaam rórn
tórrido (adj)	ร้อน	rórn
hace mucho calor	มันร้อน	man rórn
hace calor (templado)	มันอุ่น	man ùn
templado (adj)	อุ่น	ùn
hace frío	อากาศเย็น	aa-gàat yen
frío (adj)	เย็น	yen
sol (m)	ดวงอาทิตย์	duang aa-thít
brillar (vi)	ส่องแสง	sòrng săeng
soleado (un día ~)	มีแสงแดด	mee săeng dàet
elevarse (el sol)	ขึ้น	khêun
ponerse (vr)	ตก	dtòk
nube (f)	เมฆ	mâyk
nuboso (adj)	มีเมฆมาก	mee mâyk mâak
nubarrón (m)	เมฆฝน	mâyk fŏn
nublado (adj)	มืดครึ้ม	mêut khréum

lluvia (f)	ฝน	fŏn
está lloviendo	ฝนตก	fŏn dtòk
lluvioso (adj)	ฝนตก	fŏn dtòk
lloviznar (vi)	ฝนปรอย	fòn bproi
aguacero (m)	ฝนตกหนัก	fŏn dtòk nàk
chaparrón (m)	ฝนห่าใหญ่	fŏn hàa yài
fuerte (la lluvia ~)	หนัก	nàk
charco (m)	หลมน้ำ	lòm nám
mojarse (vr)	เปียก	bpìak
niebla (f)	หมอก	mòrk
nebuloso (adj)	หมอกจัด	mòrk jàt
nieve (f)	หิมะ	hì-má
está nevando	หิมะตก	hì-má dtòk

86. Los eventos climáticos severos. Los desastres naturales

tormenta (f)	พายุฟ้าคะนอง	phaa-yú fáa khá-nong
relámpago (m)	ฟ้าผ่า	fáa phàa
relampaguear (vi)	แลบ	lâep
trueno (m)	ฟ้าคะนอง	fáa khá-norng
tronar (vi)	มีฟ้าคะนอง	mee fáa khá-norng
está tronando	มีฟ้าร้อง	mee fáa rórng
granizo (m)	ลูกเห็บ	lôok hèp
está granizando	มีลูกเห็บตก	mee lôok hèp dtòk
inundar (vt)	ท่วม	thûam
inundación (f)	น้ำท่วม	nám thûam
terremoto (m)	แผ่นดินไหว	phàen din wăi
sacudida (f)	ไหว	wăi
epicentro (m)	จุดเหนือศูนย์	jùt nĕua sŏon
	แผ่นดินไหว	phàen din wăi
erupción (f)	ภูเขาไฟระเบิด	phoo khăo fai rá-bèrt
lava (f)	ลาวา	laa-waa
torbellino (m)	พายุหมุน	phaa-yú mŭn
tornado (m)	พายุทอร์นาโด	phaa-yú thor-nay-doh
tifón (m)	พายุไต้ฝุ่น	phaa-yú dtâi fùn
huracán (m)	พายุเฮอร์ริเคน	phaa-yú her-rí-khayn
tempestad (f)	พายุ	phaa-yú
tsunami (m)	คลื่นสึนามิ	khlêun sèu-naa-mí
ciclón (m)	พายุไซโคลน	phaa-yú sai-khlohn
mal tiempo (m)	อากาศไม่ดี	aa-gàat mâi dee

incendio (m)	ไฟไหม้	fai mâi
catástrofe (f)	ความหายนะ	khwaam hǎa-yá-ná
meteorito (m)	อุกกาบาต	ùk-gaa-bàat
avalancha (f)	หิมะถล่ม	hì-má thà-lòm
alud (m) de nieve	หิมะถล่ม	hì-má thà-lòm
ventisca (f)	พายุหิมะ	phaa-yú hì-má
nevasca (f)	พายุหิมะ	phaa-yú hì-má

LA FAUNA

87. Los mamíferos. Los predadores
88. Los animales salvajes
89. Los animales domésticos
90. Los pájaros
91. Los peces. Los animales marinos
92. Los anfibios. Los reptiles
93. Los insectos

T&P Books Publishing

carnívoro (m)	สัตว์กินเนื้อ	sàt gin néua
tigre (m)	เสือ	sĕua
león (m)	สิงโต	sĭng dtoh
lobo (m)	หมาป่า	măa bpàa
zorro (m)	หมาจิ้งจอก	măa jîng-jòk
jaguar (m)	เสือจากัวร์	sĕua jaa-gua
leopardo (m)	เสือดาว	sĕua daao
guepardo (m)	เสือชีตาห์	sĕua chee-dtaa
pantera (f)	เสือดำ	sĕua dam
puma (f)	สิงโตภูเขา	sĭng-dtoh phoo khăo
leopardo (m) de las nieves	เสือดาวหิมะ	sĕua daao hì-má
lince (m)	แมวป่า	maew bpàa
coyote (m)	โคโยตี้	khoh-yoh-dtêe
chacal (m)	หมาจิ้งจอกทอง	măa jîng-jòk thorng
hiena (f)	ไฮยีนา	hai-yee-naa

animal (m)	สัตว์	sàt
bestia (f)	สัตว์	sàt
ardilla (f)	กระรอก	grà rôk
erizo (m)	เมน	mâyn
liebre (f)	กระต่ายป่า	grà-dtàai bpàa
conejo (m)	กระต่าย	grà-dtàai
tejón (m)	แบดเจอร์	baet-jer
mapache (m)	แร็คคูน	ráek khoon
hámster (m)	หนูแฮมสเตอร์	nŏo haem-sà-dtêr
marmota (f)	มารมอต	maa-môt
topo (m)	ตุ่น	dtùn
ratón (m)	หนู	nŏo
rata (f)	หนู	nŏo
murciélago (m)	ค้างคาว	kháang khaao
armiño (m)	เออร์มิน	er-min
cebellina (f)	เซเบิล	say bern
marta (f)	มารเทิน	maa thern

comadreja (f)	เพียงพอน สีน้ำตาล	phiang phon sĕe nám dtaan
visón (m)	เพียงพอน	phiang phorn
castor (m)	บีเวอร์	bee-wer
nutria (f)	นาก	nâak
caballo (m)	ม้า	máa
alce (m)	กวางมูส	gwaang môot
ciervo (m)	กวาง	gwaang
camello (m)	อูฐ	òot
bisonte (m)	วัวป่า	wua bpàa
uro (m)	วัวป่าออรอช	wua bpàa or rôt
búfalo (m)	ควาย	khwaai
cebra (f)	ม้าลาย	máa laai
antílope (m)	แอนทีโลป	aen-thi-lòp
corzo (m)	กวางโรเดียร์	gwaang roh-dia
gamo (m)	กวางแฟลโลว์	gwaang flae-loh
gamuza (f)	เลียงผา	liang-phăa
jabalí (m)	หมูป่า	mŏo bpàa
ballena (f)	วาฬ	waan
foca (f)	แมวน้ำ	maew náam
morsa (f)	ช้างน้ำ	cháang náam
oso (m) marino	แมวน้ำมีขน	maew náam mee khŏn
delfín (m)	โลมา	loh-maa
oso (m)	หมี	mĕe
oso (m) blanco	หมีขั้วโลก	mĕe khûa lôhk
panda (f)	หมีแพนดา	mĕe phaen-dâa
mono (m)	ลิง	ling
chimpancé (m)	ลิงชิมแปนซี	ling chim-bpaen-see
orangután (m)	ลิงอุรังอุตัง	ling u-rang-u-dtang
gorila (m)	ลิงกอริลลา	ling gor-rin-lâa
macaco (m)	ลิงแม็กแคก	ling mâk-khâk
gibón (m)	ชะนี	chá-nee
elefante (m)	ช้าง	cháang
rinoceronte (m)	แรด	râet
jirafa (f)	ยีราฟ	yee-râaf
hipopótamo (m)	ฮิปโปโปเตมัส	híp-bpoh-bpoh-dtay-mát
canguro (m)	จิงโจ้	jing-jôh
koala (f)	หมีโคอาล่า	mĕe khoh aa lâa
mangosta (f)	พังพอน	phang phon
chinchilla (f)	ชินชิลลา	khin-khin laa
mofeta (f)	สกังก์	sà-gang
espín (m)	เม่น	mâyn

189

89. Los animales domésticos

gata (f)	แมวตัวเมีย	maew dtua mia
gato (m)	แมวตัวผู้	maew dtua phôo
perro (m)	สุนัข	sù-nák
caballo (m)	ม้า	máa
garañón (m)	ม้าตัวผู้	máa dtua phôo
yegua (f)	มาตัวเมีย	máa dtua mia
vaca (f)	วัว	wua
toro (m)	กระทิง	grà-thing
buey (m)	วัว	wua
oveja (f)	แกะตัวเมีย	gàe dtua mia
carnero (m)	แกะตัวผู้	gàe dtua phôo
cabra (f)	แพะตัวเมีย	pháe dtua mia
cabrón (m)	แพะตัวผู้	pháe dtua phôo
asno (m)	ลา	laa
mulo (m)	ลอ	lôr
cerdo (m)	หมู	mŏo
cerdito (m)	ลูกหมู	lôok mŏo
conejo (m)	กระต่าย	grà-dtàai
gallina (f)	ไก่ตัวเมีย	gài dtua mia
gallo (m)	ไกตัวผู้	gài dtua phôo
pato (m)	เป็ดตัวเมีย	bpèt dtua mia
ánade (m)	เป็ดตัวผู้	bpèt dtua phôo
ganso (m)	หาน	hàan
pavo (m)	ไก่งวงตัวผู้	gài nguang dtua phôo
pava (f)	ไกงวงตัวเมีย	gài nguang dtua mia
animales (m pl) domésticos	สัตว์เลี้ยง	sàt líang
domesticado (adj)	เลี้ยง	líang
domesticar (vt)	เชื่อง	chêuang
criar (vt)	ขยายพันธุ์	khà-yǎai phan
granja (f)	ฟาร์ม	faam
aves (f pl) de corral	สัตว์ปีก	sàt bpèek
ganado (m)	วัวควาย	wua khwaai
rebaño (m)	ฝูง	fŏong
caballeriza (f)	คอกม้า	khôrk máa
porqueriza (f)	คอกหมู	khôrk mŏo
vaquería (f)	คอกวัว	khôrk wua
conejal (m)	คอกกระต่าย	khôrk grà-dtàai
gallinero (m)	เลาไก	láo gài

90. Los pájaros

pájaro (m)	นก	nók
paloma (f)	นกพิราบ	nók phí-râap
gorrión (m)	นกกระจิบ	nók grà-jìp
carbonero (m)	นกติด	nók dtít
urraca (f)	นกสาลิกา	nók săa-lí gaa
cuervo (m)	นกอีกา	nók ee-gaa
corneja (f)	นกกา	nók gaa
chova (f)	นกจำพวกกา	nók jam phûak gaa
grajo (m)	นกการูค	nók gaa róok
pato (m)	เป็ด	bpèt
ganso (m)	ห่าน	hàan
faisán (m)	ไก่ฟ้า	gài fáa
águila (f)	นกอินทรี	nók in-see
azor (m)	นกเหยี่ยว	nók yìeow
halcón (m)	นกเหยี่ยว	nók yìeow
buitre (m)	นกแร้ง	nók ráeng
cóndor (m)	นกแร้งขนาดใหญ่	nók ráeng kà-nàat yài
cisne (m)	นกหงส์	nók hŏng
grulla (f)	นกกระเรียน	nók grà rian
cigüeña (f)	นกกระสา	nók grà-săa
loro (m), papagayo (m)	นกแก้ว	nók gâew
colibrí (m)	นกฮัมมิ่งเบิร์ด	nók ham-mîng-bèrt
pavo (m) real	นกยูง	nók yoong
avestruz (m)	นกกระจอกเทศ	nók grà-jòrk-thâyt
garza (f)	นกยาง	nók yaang
flamenco (m)	นกฟลามิงโก	nók flaa-ming-goh
pelícano (m)	นกกระทุง	nók-grà-thung
ruiseñor (m)	นกไนติงเกล	nók-nai-dting-gayn
golondrina (f)	นกนางแอ่น	nók naang-àen
tordo (m)	นกเดินดง	nók dern dong
zorzal (m)	นกเดินดง	nók dern dong
	ร้องเพลง	rórng phlayng
mirlo (m)	นกเดินดงสีดำ	nók-dern-dong sĕe dam
vencejo (m)	นกแอ่น	nók àen
alondra (f)	นกลาร์ค	nók lâak
codorniz (f)	นกคุ่ม	nók khûm
pájaro carpintero (m)	นกหัวขวาน	nók hŭa khwăan
cuco (m)	นกดุเหว่า	nók dù hăy wâa
lechuza (f)	นกฮูก	nók hôok

búho (m)	นกเค้าใหญ่	nók kháo yài
urogallo (m)	ไก่ป่า	gài bpàa
gallo lira (m)	ไก่ดำ	gài dam
perdiz (f)	นกกระทา	nók-grà-thaa

estornino (m)	นกกิ้งโครง	nók-gîng-khrohng
canario (m)	นกขุนมิน	nók khà-mîn
ortega (f)	ไก่น้ำตาล	gài nám dtaan
pinzón (m)	นกจาบ	nók-jàap
camachuelo (m)	นกบูลฟินช์	nók boon-fin

gaviota (f)	นกนางนวล	nók naang-nuan
albatros (m)	นกอัลบาทรอส	nók an-baa-thrôt
pingüino (m)	นกเพนกวิน	nók phayn-gwin

91. Los peces. Los animales marinos

brema (f)	ปลาบรีม	bplaa bpreem
carpa (f)	ปลาคาร์ป	bplaa khâap
perca (f)	ปลาเพิร์ช	bplaa phêrt
siluro (m)	ปลาดุก	bplaa-dùk
lucio (m)	ปลาไพค์	bplaa phai

| salmón (m) | ปลาแซลมอน | bplaa saen-morn |
| esturión (m) | ปลาสเตอร์เจียน | bpláa sà-dtêr jian |

arenque (m)	ปลาเฮอร์ริง	bplaa her-ring
salmón (m) del Atlántico	ปลาแซลมอนแอตแลนติก	bplaa saen-mon àet-laen-dtìk
caballa (f)	ปลาซาบะ	bplaa saa-bà
lenguado (m)	ปลาลิ้นหมา	bplaa lín-măa

lucioperca (f)	ปลาไพค์เพิร์ช	bplaa phái phert
bacalao (m)	ปลาค็อด	bplaa khót
atún (m)	ปลาทูน่า	bplaa thoo-nâa
trucha (f)	ปลาเทราท์	bplaa thrau

anguila (f)	ปลาไหล	bplaa lăi
raya (f) eléctrica	ปลากระเบนไฟฟ้า	bplaa grà-bayn-fai-fáa
morena (f)	ปลาไหลมอเรย์	bplaa lăi mor-ray
piraña (f)	ปลาปิรันยา	bplaa bpì-ran-yâa

tiburón (m)	ปลาฉลาม	bplaa chà-lăam
delfín (m)	โลมา	loh-maa
ballena (f)	วาฬ	waan

centolla (f)	ปู	bpoo
medusa (f)	แมงกะพรุน	maeng gà-phrun
pulpo (m)	ปลาหมึก	bplaa mèuk
estrella (f) de mar	ปลาดาว	bplaa daao

erizo (m) de mar	หอยเม่น	hŏi mâyn
caballito (m) de mar	ม้าน้ำ	máa nám
ostra (f)	หอยนางรม	hŏi naang rom
camarón (m)	กุ้ง	gûng
bogavante (m)	กุ้งมังกร	gûng mang-gon
langosta (f)	กุ้งมังกร	gûng mang-gon

92. Los anfibios. Los reptiles

serpiente (f)	งู	ngoo
venenoso (adj)	พิษ	phít
víbora (f)	งูแมวเซา	ngoo maew sao
cobra (f)	งูเห่า	ngoo hào
pitón (m)	งูเหลือม	ngoo lĕuam
boa (f)	งูโบอา	ngoo boh-aa
culebra (f)	งูเล็กที่ไม่เป็นอันตราย	ngoo lék thêe mâi bpen an-dtà-raai
serpiente (m) de cascabel	งูหางกระดิ่ง	ngoo hăang grà-dìng
anaconda (f)	งูอนาคอนดา	ngoo a -naa-khon-daa
lagarto (m)	กิ้งก่า	gîng-gàa
iguana (f)	อีกัวน่า	ee gua naa
varano (m)	กิ้งกามอนิเตอร์	gîng-gàa mor-ní-dtêr
salamandra (f)	ซาลาแมนเดอร	saa-laa-maen-dêr
camaleón (m)	กิ้งกาคามิเลียน	gîng-gàa khaa-mí-lian
escorpión (m)	แมงป่อง	maeng bpòrng
tortuga (f)	เต่า	dtào
rana (f)	กบ	gòp
sapo (m)	คางคก	khaang-kók
cocodrilo (m)	จระเข้	jor-rá-khây

93. Los insectos

insecto (m)	แมลง	má-laeng
mariposa (f)	ผีเสื้อ	phĕe sêua
hormiga (f)	มด	mót
mosca (f)	แมลงวัน	má-laeng wan
mosquito (m) (picadura de ~)	ยุง	yung
escarabajo (m)	แมลงปีกแข็ง	má-laeng bpèek khăeng
avispa (f)	ต่อ	dtòr
abeja (f)	ผึ้ง	phêung
abejorro (m)	ผึ้งบัมเบิลบี	phêung bam-bern bee

moscardón (m)	เหลือบ	lèuap
araña (f)	แมงมุม	maeng mum
telaraña (f)	ใยแมงมุม	yai maeng mum

libélula (f)	แมลงปอ	má-laeng bpor
saltamontes (m)	ตั๊กแตน	dták-gà-dtaen
mariposa (f) nocturna	ผีเสื้อกลางคืน	phěe sêua glaang kheun

cucaracha (f)	แมลงสาบ	má-laeng sàap
garrapata (f)	เห็บ	hèp
pulga (f)	หมัด	màt
mosca (f) negra	ริ้น	rín

langosta (f)	ตั๊กแตน	dták-gà-dtaen
caracol (m)	หอยทาก	hǒi thâak
grillo (m)	จิ้งหรีด	jîng-rèet
luciérnaga (f)	หิ่งห้อย	hìng-hôi
mariquita (f)	แมลงเต่าทอง	má-laeng dtào thorng
sanjuanero (m)	แมงอีนูน	maeng ee noon

sanguijuela (f)	ปลิง	bpling
oruga (f)	บุ้ง	bûng
lombriz (m) de tierra	ไส้เดือน	sâi deuan
larva (f)	ตัวอ่อน	dtua òrn

LA FLORA

94. Los árboles
95. Los arbustos
96. Las frutas. Las bayas
97. Las flores. Las plantas
98. Los cereales, los granos

T&P Books Publishing

árbol (m)	ต้นไม้	dtôn máai
foliáceo (adj)	ผลัดใบ	phlàt bai
conífero (adj)	สน	sŏn
de hoja perenne	ซึ่งเขียวชอุ่ม	sêung khĭeow chá-ùm
	ตลอดปี	dtà-lòrt bpee
manzano (m)	ต้นแอปเปิ้ล	dtôn àep-bpêrn
peral (m)	ต้นแพร์	dtôn phae
cerezo (m)	ต้นเชอร์รี่ป่า	dtôn cher-rêe bpàa
guindo (m)	ต้นเชอร์รี่	dtôn cher-rêe
ciruelo (m)	ตนพลัม	dtôn phlam
abedul (m)	ต้นเบิร์ช	dtôn bèrt
roble (m)	ต้นโอ๊ค	dtôn óhk
tilo (m)	ต้นไม้ดอกเหลือง	dtôn máai dòrk lĕuang
pobo (m)	ต้นแอสเพน	dtôn ae sà-phayn
arce (m)	ตนเมเปิ้ล	dtôn may bpêrn
pícea (f)	ต้นเฟอร์	dtôn fer
pino (m)	ต้นเกี๊ยะ	dtôn gía
alerce (m)	ต้นลาร์ช	dtôn lâat
abeto (m)	ต้นเฟอร์	dtôn fer
cedro (m)	ตนซีดาร์	dtôn-see-daa
álamo (m)	ต้นปอปลาร์	dtôn bpor-bplaa
serbal (m)	ตนโรแวน	dtôn-roh-waen
sauce (m)	ต้นวิลโลว์	dtôn win-loh
aliso (m)	ตนอัลเดอร์	dtôn an-dêr
haya (f)	ต้นบีช	dtôn bèet
olmo (m)	ตนเอลม	dtôn elm
fresno (m)	ต้นแอช	dtôn aesh
castaño (m)	ตนเกาลัด	dtôn gao lát
magnolia (f)	ต้นแมกโนเลีย	dtôn mâek-noh-lia
palmera (f)	ต้นปาลม	dtôn bpaam
ciprés (m)	ตนไซเปรส	dtôn-sai-bpràyt
mangle (m)	ต้นโกงกาง	dtôn gohng gaang
baobab (m)	ต้นเบาบับ	dtôn bao-bàp
eucalipto (m)	ต้นยูคาลิปตัส	dtôn yoo-khaa-líp-dtàt
secoya (f)	ตนสนซีคัวยา	dtôn sŏn see kua yaa

95. Los arbustos

mata (f)	พุ่มไม้	phûm máai
arbusto (m)	ต้นไม้พุ่ม	dtôn máai phûm
vid (f)	ต้นองุ่น	dtôn a-ngùn
viñedo (m)	ไร่องุ่น	râi a-ngùn
frambueso (m)	พุ่มราสเบอร์รี่	phûm râat-ber-rêe
grosellero (m) negro	พุ่มแบล็คเคอร์แรนท์	phûm blàek-khêr-raen
grosellero (m) rojo	พุมเรดเคอร์แรนท	phûm râyt-khêr-raen
grosellero (m) espinoso	พุมกูสเบอร์รี่	phûm gòot-ber-rêe
acacia (f)	ต้นอาเคเซีย	dtôn aa-khay-chia
berberís (m)	ต้นบาร์เบอร์รี่	dtôn baa-ber-rêe
jazmín (m)	มะลิ	má-lí
enebro (m)	ต้นจูนิเปอร์	dtôn joo-ní-bper
rosal (m)	พุ่มกุหลาบ	phûm gù làap
escaramujo (m)	พุมดอกโรส	phûm dòrk-rôht

96. Las frutas. Las bayas

fruto (m)	ผลไม้	phŏn-lá-máai
frutos (m pl)	ผลไม	phŏn-lá-máai
manzana (f)	แอปเปิ้ล	àep-bpêrn
pera (f)	ลูกแพร	lôok phae
ciruela (f)	พลัม	phlam
fresa (f)	สตรอว์เบอร์รี่	sà-dtror-ber-rêe
guinda (f)	เชอร์รี่	cher-rêe
cereza (f)	เชอร์รี่ป่า	cher-rêe bpàa
uva (f)	องุ่น	a-ngùn
frambuesa (f)	ราสเบอร์รี่	râat-ber-rêe
grosella (f) negra	แบล็คเคอร์แรนท์	blàek khêr-raen
grosella (f) roja	เรดเคอร์แรนท	râyt-khêr-raen
grosella (f) espinosa	กูสเบอร์รี่	gòot-ber-rêe
arándano (m) agrio	แครนเบอร์รี่	khraen-ber-rêe
naranja (f)	ส้ม	sôm
mandarina (f)	สมแมนดาริน	sôm maen daa rin
piña (f)	สับปะรด	sàp-bpà-rót
banana (f)	กล้วย	glûay
dátil (m)	อินทผลัม	in-thá-phâ-lam
limón (m)	เลมอน	lay-mon
albaricoque (m)	แอปริคอท	ae-bprì-khôrt

melocotón (m)	ลูกท้อ	lôok thór
kiwi (m)	กีวี	gee wee
toronja (f)	สมโอ	sôm oh

baya (f)	เบอร์รี่	ber-rêe
bayas (f pl)	เบอร์รี	ber-rêe
arándano (m) rojo	คาวเบอร์รี่	khaao-ber-rêe
fresa (f) silvestre	สตรอวเบอร์รี่ป่า	sá-dtrorw ber-rêe bpàa
arándano (m)	บิลเบอร์รี่	bil-ber-rêe

97. Las flores. Las plantas

| flor (f) | ดอกไม้ | dòrk máai |
| ramo (m) de flores | ช่อดอกไม้ | chôr dòrk máai |

rosa (f)	ดอกกุหลาบ	dòrk gù làap
tulipán (m)	ดอกทิวลิป	dòrk thiw-líp
clavel (m)	ดอกคาร์เนชั่น	dòrk khaa-nay-chân
gladiolo (m)	ดอกแกลดิโอลัส	dòrk gaen-dì-oh-lát

aciano (m)	ดอกคอร์นฟลาวเวอร์	dòrk khon-flaao-wer
campanilla (f)	ดอกระฆัง	dòrk rá-khang
diente (m) de león	ดอกแดนดิไลออน	dòrk daen-dì-lai-on
manzanilla (f)	ดอกคาโมมายล์	dòrk khaa-moh maai

áloe (m)	ว่านหางจระเข้	wâan-hǎang-jor-rá-khây
cacto (m)	ตะบองเพชร	dtà-bong-phét
ficus (m)	ต้นเลียบ	dtôn lîap

azucena (f)	ดอกลิลลี่	dòrk lí-lêe
geranio (m)	ดอกเจอราเนียม	dòrk jer-raa-niam
jacinto (m)	ดอกไฮอะซินท	dòrk hai-a-sin

mimosa (f)	ดอกไมยราบ	dòrk mai râap
narciso (m)	ดอกนาร์ซิสซัส	dòrk naa-sít-sát
capuchina (f)	ดอกแนสเตอร์ชัม	dòrk nâet-dtêr-cham

orquídea (f)	ดอกกล้วยไม้	dòrk glûay máai
peonía (f)	ดอกโบต้น	dòrk boh-dtǎn
violeta (f)	ดอกไวโอเล็ต	dòrk wai-oh-lét

trinitaria (f)	ดอกแพนซี	dòrk phaen-see
nomeolvides (f)	ดอกฟอร์เก็ตมีน็อต	dòrk for-gèt-mee-nót
margarita (f)	ดอกเดซี	dòrk day see

amapola (f)	ดอกป๊อปปี้	dòrk bpóp-bpêe
cáñamo (m)	กัญชา	gan chaa
menta (f)	สะระแหน่	sà-rá-nàe
muguete (m)	ดอกลิลลี่แหง หุบเขา	dòrk lí-lá-lêe hàeng hùp khǎo

campanilla (f) de las nieves	ดอกหยาดหิมะ	dòrk yàat hì-má
ortiga (f)	ตำแย	dtam-yae
acedera (f)	ชอรเรล	sor-rayn
nenúfar (m)	บัว	bua
helecho (m)	เฟิร์น	fern
liquen (m)	ไลเคน	lai-khayn

invernadero (m) tropical	เรือนกระจก	reuan grà-jòk
césped (m)	สนามหญ้า	sà-năam yâa
macizo (m) de flores	สนามดอกไม้	sà-năam-dòrk-máai

planta (f)	พืช	phêut
hierba (f)	หญ้า	yâa
hoja (f) de hierba	ใบหญ้า	bai yâa

hoja (f)	ใบไม้	bai máai
pétalo (m)	กลีบดอก	glèep dòrk
tallo (m)	ลำต้น	lam dtôn
tubérculo (m)	หัวใต้ดิน	hŭa dtâi din

| retoño (m) | ต้นอ่อน | dtôn òrn |
| espina (f) | หนาม | năam |

florecer (vi)	บาน	baan
marchitarse (vr)	เหี่ยว	hìeow
olor (m)	กลิ่น	glìn
cortar (vt)	ตัด	dtàt
coger (una flor)	เด็ด	dèt

98. Los cereales, los granos

grano (m)	เมล็ด	má-lét
cereales (m pl) (plantas)	ธัญพืช	than-yá-phêut
espiga (f)	รวงขาว	ruang khâao

trigo (m)	ข้าวสาลี	khâao săa-lee
centeno (m)	ข้าวไรย์	khâao rai
avena (f)	ข้าวโอ๊ต	khâao óht
mijo (m)	ข้าวฟ่าง	khâao fâang
cebada (f)	ขาวบารเลย์	khâao baa-lây

maíz (m)	ข้าวโพด	khâao-phôht
arroz (m)	ขาว	khâao
alforfón (m)	บัควีท	bàk-wêet

guisante (m)	ถั่วลันเตา	thùa-lan-dtao
fréjol (m)	ถั่วรูปไต	thùa rôop dtai
soya (f)	ถั่วเหลือง	thùa lĕuang
lenteja (f)	ถั่วเลนทิล	thùa layn thin
habas (f pl)	ถั่ว	thùa

LOS PAÍSES

99. Los países. Unidad 1
100. Los países. Unidad 2
101. Los países. Unidad 3

T&P Books Publishing

Afganistán (m)	ประเทศอัฟกานิสถาน	bprà-thâyt àf-gaa-nít-thǎan
Albania (f)	ประเทศแอลเบเนีย	bprà-thâyt aen-bay-nia
Alemania (f)	ประเทศเยอรมนี	bprà-thâyt yer-rá-ma-nee
Arabia (f) Saudita	ประเทศ ซาอุดิอาระเบีย	bprà-thâyt saa-u-dì aa-ra--bia
Argentina (f)	ประเทศอาร์เจนตินา	bprà-thâyt aa-jayn-dtì-naa
Armenia (f)	ประเทศอาร์เมเนีย	bprà-thâyt aa-may-nia
Australia (f)	ประเทศออสเตรเลีย	bprà-thâyt òt-dtray-lia
Austria (f)	ประเทศออสเตรีย	bprà-thâyt òt-dtria
Azerbaiyán (m)	ประเทศอาเซอร์ไบจาน	bprà-thâyt aa-sêr-bai-jaan
Bangladesh (m)	ประเทศ บังคลาเทศ	bprà-thâyt bang-khlaa-thâyt
Bélgica (f)	ประเทศเบลเยียม	bprà-thâyt bayn-yiam
Bielorrusia (f)	ประเทศเบลารุส	bprà-thâyt blao-rút
Bolivia (f)	ประเทศโบลิเวีย	bprà-thâyt boh-lí-wia
Bosnia y Herzegovina	ประเทศบอสเนีย และเฮอรเซโกวินา	bprà-thâyt bòt-nia láe her-say-goh-wí-naa
Brasil (m)	ประเทศบราซิล	bprà-thâyt braa-sin
Bulgaria (f)	ประเทศบัลแกเรีย	bprà-thâyt ban-gae-ria
Camboya (f)	ประเทศกัมพูชา	bprà-thâyt gam-phoo-chaa
Canadá (f)	ประเทศแคนาดา	bprà-thâyt khae-naa-daa
Chequia (f)	ประเทศเช็กเกีย	bprà-thâyt chék-gia
Chile (m)	ประเทศชิลี	bprà-thâyt chí-lee
China (f)	ประเทศจีน	bprà-thâyt jeen
Chipre (m)	ประเทศไซปรัส	bprà-thâyt sai-bpràt
Colombia (f)	ประเทศโคลัมเบีย	bprà-thâyt khoh-lam-bia
Corea (f) del Norte	เกาหลีเหนือ	gao-lěe něua
Corea (f) del Sur	เกาหลีใต้	gao-lěe dtâi
Croacia (f)	ประเทศโครเอเชีย	bprà-thâyt khroh-ay-chia
Cuba (f)	ประเทศคิวบา	bprà-thâyt khiw-baa
Dinamarca (f)	ประเทศเดนมาร์ก	bprà-thâyt dayn-màak
Ecuador (m)	ประเทศเอกวาดอร	bprà-thâyt ay-gwaa-dor
Egipto (m)	ประเทศ อียิปต	bprà-thâyt bprà-thâyt ee-yíp
Emiratos (m pl) Árabes Unidos	สหรัฐอาหรับเอมิเรตส์	sà-hà-rát aa-ràp ay-mí-râyt
Escocia (f)	ประเทศสก็อตแลนด์	bprà-thâyt sà-gòt-laen
Eslovaquia (f)	ประเทศสโลวาเกีย	bprà-thâyt sà-loh-waa-gia
Eslovenia	ประเทศสโลวีเนีย	bprà-thâyt sà-loh-wee-nia
España (f)	ประเทศสเปน	bprà-thâyt sà-bpayn
Estados Unidos de América	สหรัฐอเมริกา	sà-hà-rát a-may-rí-gaa

Estonia (f)	ประเทศเอสโตเนีย	bprà-thâyt àyt-dtoh-nia
Finlandia (f)	ประเทศฟินแลนด์	bprà-thâyt fin-laen
Francia (f)	ประเทศฝรั่งเศส	bprà-thâyt fà-ràng-sàyt

100. Los países. Unidad 2

Georgia (f)	ประเทศจอร์เจีย	bprà-thâyt jor-jia
Ghana (f)	ประเทศกานา	bprà-thâyt gaa-naa
Gran Bretaña (f)	บริเตนใหญ่	brì-dtayn yài
Grecia (f)	ประเทศกรีซ	bprà-thâyt grèet
Haití (m)	ประเทศเฮติ	bprà-thâyt hay-dtì
Hungría (f)	ประเทศฮังการี	bprà-thâyt hang-gaa-ree

India (f)	ประเทศอินเดีย	bprà-thâyt in-dia
Indonesia (f)	ประเทศอินโดนีเซีย	bprà-thâyt in-doh-nee-sia
Inglaterra (f)	ประเทศอังกฤษ	bprà-thâyt ang-grìt
Irak (m)	ประเทศอิรัก	bprà-thâyt i-rák
Irán (m)	ประเทศอิหร่าน	bprà-thâyt i-ràan
Irlanda (f)	ประเทศไอร์แลนด์	bprà-thâyt ai-laen
Islandia (f)	ประเทศไอซ์แลนด์	bprà-thâyt ai-laen
Islas (f pl) Bahamas	ประเทศบาฮามาส	bprà-thâyt baa-haa-mâat
Israel (m)	ประเทศอิสราเอล	bprà-thâyt ìt-sà-rǎa-ayn
Italia (f)	ประเทศอิตาลี	bprà-thâyt i-dtaa-lee

Jamaica (f)	ประเทศจาเมกา	bprà-thâyt jaa-may-gaa
Japón (m)	ประเทศญี่ปุ่น	bprà-thâyt yêe-bpùn
Jordania (f)	ประเทศจอรแดน	bprà-thâyt jor-daen
Kazajstán (m)	ประเทศ คาซัคสถาน	bprà-thâyt khaa-sák--à-thǎan
Kenia (f)	ประเทศเคนย่า	bprà-thâyt khayn-yâa
Kirguizistán (m)	ประเทศ คีรกีซสถาน	bprà-thâyt khee-gèet--à-thǎan
Kuwait (m)	ประเทศคูเวต	bprà-thâyt khoo-wâyt

Laos (m)	ประเทศลาว	bprà-thâyt laao
Letonia (f)	ประเทศลัตเวีย	bprà-thâyt lát-wia
Líbano (m)	ประเทศเลบานอน	bprà-thâyt lay-baa-non
Libia (f)	ประเทศลิเบีย	bprà-thâyt lí-bia
Liechtenstein (m)	ประเทศ ลิกเตนสไตน์	bprà-thâyt lík-tay-ná-sà-dtai
Lituania (f)	ประเทศลิทัวเนีย	bprà-thâyt lí-thua-nia
Luxemburgo (m)	ประเทศลักเซมเบิร์ก	bprà-thâyt lák-saym-bèrk

Macedonia	ประเทศมาซิโดเนีย	bprà-thâyt maa-sí-doh-nia
Madagascar (m)	ประเทศ มาดากัสการ	bprà-thâyt maa-daa-gàt-gaa
Malasia (f)	ประเทศมาเลเซีย	bprà-thâyt maa-lay-sia
Malta (f)	ประเทศมอลตา	bprà-thâyt mon-dtaa
Marruecos (m)	ประเทศมอร็อคโค	bprà-thâyt mor-rók-khoh

Méjico (m)	ประเทศเม็กซิโก	bprà-thâyt mék-sí-goh
Moldavia (f)	ประเทศมอลโดวา	bprà-thâyt mon-doh-waa
Mónaco (m)	ประเทศโมนาโก	bprà-thâyt moh-naa-goh
Mongolia (f)	ประเทศมองโกเลีย	bprà-thâyt mong-goh-lia
Montenegro (m)	ประเทศ มอนเตเนโกร	bprà-thâyt mon-dtay-nay-groh
Myanmar (m)	ประเทศเมียนมาร์	bprà-thâyt mian-maa

101. Los países. Unidad 3

Namibia (f)	ประเทศนามิเบีย	bprà-thâyt naa-mí-bia
Nepal (m)	ประเทศเนปาล	bprà-thâyt nay-bpaan
Noruega (f)	ประเทศนอร์เวย์	bprà-thâyt nor-way
Nueva Zelanda (f)	ประเทศนิวซีแลนด์	bprà-thâyt niw-see-laen
Países Bajos (m pl)	ประเทศเนเธอร์แลนด์	bprà-thâyt nay-ther-laen
Pakistán (m)	ประเทศ ปากีสถาน	bprà-thâyt bpaa-gèet-thǎan
Palestina (f)	ปาเลสไตน์	bpaa-lâyt-dtai
Panamá (f)	ประเทศปานามา	bprà-thâyt bpaa-naa-maa
Paraguay (m)	ประเทศปารากวัย	bprà-thâyt bpaa-raa-gwai
Perú (m)	ประเทศเปรู	bprà-thâyt bpay-roo
Polinesia (f) Francesa	เฟรนช์โปลินีเซีย	frayn-bpoh-lí-nee-sia
Polonia (f)	ประเทศโปแลนด์	bprà-thâyt bpoh-laen
Portugal (m)	ประเทศโปรตุเกส	bprà-thâyt bproh-dtù-gàyt
República (f) Dominicana	สาธารณรัฐ โดมินิกัน	sǎa-thaa-rá-ná rát doh-mí-ní-gan
República (f) Sudafricana	ประเทศแอฟริกาใต้	bprà-thâyt àef-rí-gaa dtâi
Rumania (f)	ประเทศโรมาเนีย	bprà-thâyt roh-maa-nia
Rusia (f)	ประเทศรัสเซีย	bprà-thâyt rát-sia
Senegal (m)	ประเทศเซเนกัล	bprà-thâyt say-nay-gan
Serbia (f)	ประเทศเซอร์เบีย	bprà-thâyt sêr-bia
Siria (f)	ประเทศซีเรีย	bprà-thâyt see-ria
Suecia (f)	ประเทศสวีเดน	bprà-thâyt sà-wěe-dayn
Suiza (f)	ประเทศสวิตเซอร์แลนด์	bprà-thâyt sà-wìt-sêr-laen
Surinam (m)	ประเทศซูรินาม	bprà-thâyt soo-rí-naam
Tayikistán (m)	ประเทศทาจิกิสถาน	bprà-thâyt thaa-jì-gìt-thǎan
Tailandia (f)	ประเทศไทย	bprà-tâyt thai
Taiwán (m)	ไต้หวัน	dtâi-wǎn
Tanzania (f)	ประเทศแทนซาเนีย	bprà-thâyt thaen-saa-nia
Tasmania (f)	ประเทศแทสเมเนีย	bprà-thâyt thâet-may-nia
Túnez (m)	ประเทศตูนิเซีย	bprà-thâyt dtoo-ní-sia
Turkmenistán (m)	ประเทศ เติร์กเมนิสถาน	bprà-thâyt dtèrk-may-nít-thǎan
Turquía (f)	ประเทศตุรกี	bprà-thâyt dtù-rá-gee
Ucrania (f)	ประเทศยูเครน	bprà-thâyt yoo-khrayn
Uruguay (m)	ประเทศอุรุกวัย	bprà-thâyt u-rúk-wai

Uzbekistán (m)	ประเทศอุซเบกิสถาน	bprà-thâyt ùt-bay-gìt-thǎan
Vaticano (m)	นครรัฐวาติกัน	ná-khon rát waa-dtì-gan
Venezuela (f)	ประเทศ	bprà-thâyt way-nay-sú-ay-laa
	เวเนซุเอลา	
Vietnam (m)	ประเทศเวียดนาม	bprà-thâyt wîat-naam
Zanzíbar (m)	ประเทศแซนซิบาร์	bprà-thâyt saen-sí-baa

GLOSARIO GASTRONÓMICO

Esta sección contiene una
gran cantidad de palabras y
términos asociados con la
comida. Este diccionario le hará
más fácil la comprensión
del menú de un restaurante y
la elección del plato adecuado

T&P Books Publishing

¡Que aproveche!	กินให้อร่อย!	gin hâi a-ròi
abrebotellas (m)	ที่เปิดขวด	thêe bpèrt khùat
abrelatas (m)	ที่เปิดกระป๋อง	thêe bpèrt grà-bpŏrng
aceite (m) de girasol	น้ำมันดอก	nám man dòrk
	ทานตะวัน	thaan dtà-wan
aceite (m) de oliva	น้ำมันมะกอก	nám man má-gòrk
aceite (m) vegetal	น้ำมันพืช	nám man phêut
agua (f)	น้ำ	nám
agua (f) mineral	น้ำแร่	nám râe
agua (f) potable	น้ำดื่ม	nám dèum
aguacate (m)	อะโวคาโด	a-who-khaa-doh
ahumado (adj)	รมควัน	rom khwan
ajo (m)	กระเทียม	grà-thiam
albahaca (f)	ใบโหระพา	bai hŏh rá phaa
albaricoque (m)	แอปริคอท	ae-bprì-khôrt
alcachofa (f)	อาร์ติโชค	aa dtì chôhk
alforfón (m)	บัควีท	bàk-wêet
almendra (f)	อัลมอนด์	an-morn
almuerzo (m)	ขาวเที่ยง	khâao thîang
amargo (adj)	ขม	khŏm
anís (m)	เทียนสัตตบุษย์	thian-sàt-dtà-bùt
anguila (f)	ปลาไหล	bplaa lăi
aperitivo (m)	เครื่องดื่มเหล้า	khrêuang dèum lâo
	ก่อนอาหาร	gòrn aa-hăan
apetito (m)	ความอยากอาหาร	kwaam yàak aa hăan
apio (m)	คืนชาย	khêun-châai
arándano (m)	บิลเบอร์รี่	bil-ber-rêe
arándano (m) agrio	แครนเบอร์รี่	khraen-ber-rêe
arándano (m) rojo	คาวเบอร์รี่	khaao-ber-rêe
arenque (m)	ปลาเฮอร์ริง	bplaa her-ring
arroz (m)	ขาว	khâao
atún (m)	ปลาทูน่า	bplaa thoo-nâa
avellana (f)	เฮเซลนัท	hay sayn nát
avena (f)	ขาวโอต	khâao óht
azúcar (m)	น้ำตาล	nám dtaan
azafrán (m)	หญ้าฝรั่น	yâa fà-ràn
azucarado, dulce (adj)	หวาน	wăan
bacalao (m)	ปลาค็อด	bplaa khót
banana (f)	กล้วย	glûay
bar (m)	ร้านเหล้า	ráan lâo
barman (m)	บาร์เทนเดอร์	baa-thayn-dêr
batido (m)	มิลค์เชค	min-châyk
baya (f)	เบอร์รี่	ber-rêe
bayas (f pl)	เบอร์รี่	ber-rêe

bebida (f) sin alcohol	เครื่องดื่มที่ ไม่มีแอลกอฮอล์	krêuang dèum têe mâi mee aen-gor-hor
bebidas (f pl) alcohólicas	เหล้า	lâu
beicon (m)	หมูเบคอน	mŏo bay-khorn
berenjena (f)	มะเขือยาว	má-khĕua-yaao
bistec (m)	สเต็กเนื้อ	sà-dtèk néua
bocadillo (m)	แซนด์วิช	saen-wít
boleto (m) áspero	เห็ดตับเต่าที่ขึ้น บนตนเบิรช	hèt dtàp dtào têe khêun bon dtôn-bèrt
boleto (m) castaño	เห็ดพอร์ชินีดอก เหลือง	hèt phor chí nee dòrk lĕuang
brócoli (m)	บร็อคโคลี่	bròrk-khoh-lêe
brema (f)	ปลาบรีม	bplaa bpreem
cóctel (m)	ค็อกเทล	khók-tayn
caballa (f)	ปลาแม็คเคอเร็ล	bplaa máek-kay-a-rĕn
cacahuete (m)	ถั่วลิสง	thùa-lí-sŏng
café (m)	กาแฟ	gaa-fae
café (m) con leche	กาแฟใส่นม	gaa-fae sài nom
café (m) solo	กาแฟดำ	gaa-fae dam
café (m) soluble	กาแฟสำเร็จรูป	gaa-fae săm-rèt rôop
calabacín (m)	แตงซูคินี	dtaeng soo-khí-nee
calabaza (f)	ฟักทอง	fák-thorng
calamar (m)	ปลาหมึกกล้วย	bplaa mèuk-glûay
caldo (m)	ซุปน้ำใส	súp nám-săi
caliente (adj)	ร้อน	rórn
caloría (f)	แคลอรี่	khae-lor-rêe
camarón (m)	กุ้ง	gûng
camarera (f)	คนเสิร์ฟหญิง	khon sèrf yĭng
camarero (m)	คนเสิร์ฟชาย	khon sèrf chaai
canela (f)	อบเชย	òp-choie
cangrejo (m) de mar	ปู	bpoo
capuchino (m)	กาแฟคาปูชิโน	gaa-fae khaa bpoo chí noh
caramelo (m)	ลูกกวาด	lôok gwàat
carbohidratos (m pl)	คาร์โบไฮเดรต	kaa-boh-hai-dràyt
carne (f)	เนื้อ	néua
carne (f) de carnero	เนื้อแกะ	néua gàe
carne (f) de cerdo	เนื้อหมู	néua mŏo
carne (f) de ternera	เนื้อลูกวัว	néua lôok wua
carne (f) de vaca	เนื้อวัว	néua wua
carne (f) picada	เนื้อสับ	néua sàp
carpa (f)	ปลาคาร์ป	bplaa khâap
carta (f) de vinos	รายการไวน์	raai gaan wai
carta (f), menú (m)	เมนู	may-noo
caviar (m)	ไข่ปลา	khài-bplaa
caza (f) menor	สัตว์ที่ล่า	sàt thêe lâa
cebada (f)	ขาวบารเลย์	khâao baa-lây
cebolla (f)	หัวหอม	hŭa hŏrm
cena (f)	อาหารเย็น	aa-hăn yen
centeno (m)	ขาวไรย	khâao rai
cereales (m pl)	ธัญพืช	than-yá-phêut
cereales (m pl) integrales	เมล็ดธัญพืช	má-lét than-yá-phêut
cereza (f)	เชอร์รี่ปา	cher-rêe bpàa

cerveza (f)	เบียร์	bia
cerveza (f) negra	เบียร์ดาร์ค	bia dàak
cerveza (f) rubia	เบียร์ไลท์	bia lai
champaña (f)	แชมเปญ	chaem-bpayn
chicle (m)	หมากฝรั่ง	màak fà-ràng
chocolate (m)	ช็อกโกแลต	chók-goh-láet
cilantro (m)	ผักชีลา	pàk-chee-laa
ciruela (f)	พลัม	phlam
clara (f)	ไข่ขาว	khài khăo
clavo (m)	กานพลู	gaan-phloo
coñac (m)	เหล้าคอนยัก	lăo khorn yák
cocido en agua (adj)	ตม	dtôm
cocina (f)	อาหาร	aa-hăan
col (f)	กะหล่ำปลี	gà-làm bplee
col (f) de Bruselas	กะหล่ำดาว	gà-làm-daao
coliflor (f)	ดอกกะหล่ำ	dòrk gà-làm
colmenilla (f)	เห็ดมอเรล	hèt mor rayn
comida (f)	อาหาร	aa-hăan
comino (m)	เทียนตากบ	thian dtaa gòp
con gas	มีฟอง	mee forng
con hielo	ใส่น้ำแข็ง	sài nám khăeng
condimento (m)	เครื่องปรุงรส	khrêuang bprung rót
conejo (m)	เนื้อกระต่าย	néua grà-dtàai
confitura (f)	แยม	yaem
confitura (f)	แยม	yaem
congelado (adj)	แช่แข็ง	châe khăeng
conservas (f pl)	อาหารกระป๋อง	aa-hăan grà-bpŏrng
copa (f) de vino	แก้วไวน์	gâew wai
copos (m pl) de maíz	คอร์นเฟลค	khorn-flâyk
crema (f) de mantequilla	สวนผสมของเนย และน้ำตาล	sùan phà-sŏm khŏrng noie láe nám dtaan
crustáceos (m pl)	สัตว์พวกกุ้งกั้งปู	sàt phûak gûng gâng bpoo
cuchara (f)	ช้อน	chórn
cuchara (f) de sopa	ช้อนซุป	chórn súp
cucharilla (f)	ช้อนชา	chórn chaa
cuchillo (m)	มีด	mêet
cuenta (f)	คิดเงิน	khít ngern
dátil (m)	ลูกอินทผลัม	lôok in-thá-plăm
de chocolate (adj)	ช็อกโกแลต	chók-goh-láet
desayuno (m)	อาหารเช้า	aa-hăan cháo
dieta (f)	อาหารพิเศษ	aa-hăan phí-sàyt
eneldo (m)	ผักชีลาว	phàk-chee-laao
ensalada (f)	สลัด	sà-làt
entremés (m)	ของกินเล่น	khŏrng gin lâyn
espárrago (m)	หน่อไม้ฝรั่ง	nòr máai fà-ràng
espagueti (m)	สปาเก็ตตี้	sà-bpaa-gèt-dtêe
especia (f)	เครื่องเทศ	khrêuang thâyt
espiga (f)	รวงข้าว	ruang khâao
espinaca (f)	ผักขม	phàk khŏm
esturión (m)	ปลาสเตอร์เจียน	bpláa sà-dtêr jian
fletán (m)	ปลาตาเดียว	bplaa dtaa-dieow
fréjol (m)	ถั่วรูปไต	thùa rôop dtai

frío (adj)	เย็น	yen
frambuesa (f)	ราสเบอร์รี่	râat-ber-rêe
fresa (f)	สตรอว์เบอร์รี่	sà-dtror-ber-rêe
fresa (f) silvestre	สตรอว์เบอร์รี่ป่า	sá-dtrorw ber-rêe bpàa
frito (adj)	ทอด	thôrt
fruto (m)	ผลไม้	phǒn-lá-máai
frutos (m pl)	ผลไม้	phǒn-lá-máai
gachas (f pl)	ข้าวต้ม	khâao-dtôm
galletas (f pl)	คุกกี้	khúk-gêe
gallina (f)	ไก่	gài
ganso (m)	ห่าน	hàan
gaseoso (adj)	น้ำอัดลม	nám àt lom
ginebra (f)	เหล้ายิน	lǎu yin
gofre (m)	วาฟเฟิล	waaf-fern
granada (f)	ทับทิม	tháp-thim
grano (m)	เมล็ด	má-lét
grasas (f pl)	ไขมัน	khǎi man
grosella (f) espinosa	กูสเบอร์รี่	gòot-ber-rêe
grosella (f) negra	แบล็คเคอร์แรนท์	blàek khêr-raen
grosella (f) roja	เรดเคอร์แรนท	râyt-khêr-raen
guarnición (f)	เครื่องเคียง	khrêuang khiang
guinda (f)	เชอรี่	cher-rêe
guisante (m)	ถั่วลันเตา	thùa-lan-dtao
hígado (m)	ตับ	dtàp
habas (f pl)	ถั่ว	thùa
hamburguesa (f)	แฮมเบอร์เกอร์	haem-ber-gêr
harina (f)	แป้ง	bpâeng
helado (m)	ไอศกรีม	ai-sà-greem
hielo (m)	น้ำแข็ง	nám khǎeng
higo (m)	มะเดื่อฝรั่ง	má dèua fà-ràng
hoja (f) de laurel	ใบกระวาน	bai grà-waan
huevo (m)	ไข่	khài
huevos (m pl)	ไข่	khài
huevos (m pl) fritos	ไข่ทอด	khài thôrt
jamón (m)	แฮม	haem
jamón (m) fresco	แฮมแกมมอน	haem gaem-morn
jengibre (m)	ขิง	khǐng
jugo (m) de tomate	น้ำมะเขือเทศ	nám má-khěua thâyt
kiwi (m)	กีวี	gee wee
langosta (f)	กุ้งมังกร	gûng mang-gon
leche (f)	นม	nom
leche (f) condensada	นมข้น	nom khôn
lechuga (f)	ผักกาดหอม	phàk gàat hǒrm
legumbres (f pl)	ผัก	phàk
lengua (f)	ลิ้น	lín
lenguado (m)	ปลาลิ้นหมา	bplaa lín-mǎa
lenteja (f)	ถั่วเลนทิล	thùa layn thin
licor (m)	สุรา	sù-raa
limón (m)	มะนาว	má-naao
limonada (f)	น้ำเลมอนเนด	nám lay-morn-nâyt
loncha (f)	แผ่น	phàen
lucio (m)	ปลาไพค์	bplaa phai

lucioperca (f)	ปลาไพค์เพิร์ช	bplaa phái phert
maíz (m)	ข้าวโพด	khâao-phôht
maíz (m)	ข้าวโพด	khâao-phôht
macarrones (m pl)	พาสตา	phâat-dtâa
mandarina (f)	ส้มแมนดาริน	sôm maen daa rin
mango (m)	มะม่วง	má-mûang
mantequilla (f)	เนย	noie
manzana (f)	แอปเปิ้ล	àep-bpêrn
margarina (f)	เนยเทียม	noie thiam
marinado (adj)	ดอง	dorng
mariscos (m pl)	อาหารทะเล	aa hăan thá-lay
matamoscas (m)	เห็ดพิษหมวกแดง	hèt phít mùak daeng
mayonesa (f)	มายองเนส	maa-yorng-nâyt
melón (m)	เมลอน	may-lorn
melocotón (m)	ลูกท้อ	lôok thór
mermelada (f)	แยมผิวส้ม	yaem phĭw sôm
miel (f)	น้ำผึ้ง	nám phêung
miga (f)	เศษ	sàyt
mijo (m)	ข้าวฟ่าง	khâao fâang
mini tarta (f)	ขนมเค้ก	khà-nŏm kháyk
mondadientes (m)	ไม้จิ้มฟัน	máai jîm fan
mostaza (f)	มัสตาร์ด	mát-dtàat
nabo (m)	หัวผักกาด	hŭa-phàk-gàat
naranja (f)	ส้ม	sôm
nata (f) agria	ซาวร์ครีม	saao khreem
nata (f) líquida	ครีม	khreem
nuez (f)	วอลนัท	wor-lá-nát
nuez (f) de coco	มะพร้าว	má-phráao
olivas, aceitunas (f pl)	มะกอก	má-gòrk
oronja (f) verde	เห็ดระโงกหิน	hèt rá ngôhk hĭn
ostra (f)	หอยนางรม	hŏi naang rom
pan (m)	ขนมปัง	khà-nŏm bpang
papaya (f)	มะละกอ	má-lá-gor
paprika (f)	พริกป่น	phrík bpòn
pasas (f pl)	ลูกเกด	lôok gàyt
pasteles (m pl)	ขนม	khà-nŏm
paté (m)	ปาเต	bpaa dtay
patata (f)	มันฝรั่ง	man fà-ràng
pato (m)	เป็ด	bpèt
pava (f)	ไก่งวง	gài nguang
pedazo (m)	ชิ้น	chín
pepino (m)	แตงกวา	dtaeng-gwaa
pera (f)	แพร	phae
perca (f)	ปลาเพิร์ช	bplaa phêrt
perejil (m)	ผักชีฝรั่ง	phàk chee fà-ràng
pescado (m)	ปลา	bplaa
piña (f)	สับปะรด	sàp-bpà-rót
piel (f)	เปลือก	bplèuak
pimienta (f) negra	พริกไทย	phrík thai
pimienta (f) roja	พริกแดง	phrík daeng
pimiento (m) dulce	พริกหยวก	phrík-yùak
pistachos (m pl)	ถั่วพิสตาชิโอ	thùa phít dtaa chí oh

pizza (f)	พิซซ่า	phít-sâa
platillo (m)	จานรอง	jaan rorng
plato (m)	มื้ออาหาร	méu aa-hăan
plato (m)	จาน	jaan
pomelo (m)	สุมโอ	sôm oh
porción (f)	สวน	sùan
postre (m)	ของหวาน	khŏrng wăan
propina (f)	เงินทิป	ngern thíp
proteínas (f pl)	โปรตีน	bproh-dteen
pudin (m)	พุดดิ้ง	phút-dîng
puré (m) de patatas	มันฝรั่งบด	man fà-ràng bòt
queso (m)	เนยแข็ง	noie khăeng
rábano (m)	หัวไชเทา	hŭa chai tháo
rábano (m) picante	ฮอสแรดิช	hórt rae dìt
rúsula (f)	เห็ดตะไค	hèt dtà khai
rebozuelo (m)	เห็ดกอเหลือง	hèt gòr lĕuang
receta (f)	ตำราอาหาร	dtam-raa aa-hăan
refresco (m)	เครื่องดื่มให้ความสดชื่น	khrêuang dèum hâi khwaam sòt chêun
regusto (m)	รส	rót
relleno (m)	ไส้ในขนม	sâi nai khà-nŏm
remolacha (f)	บีทรูท	bee-trôot
ron (m)	เหลารัม	lăo ram
sésamo (m)	งา	ngaa
sabor (m)	รสชาติ	rót châat
sabroso (adj)	อร่อย	à-ròi
sacacorchos (m)	ที่เปิดจุก	thêe bpèrt jùk
sal (f)	เกลือ	gleua
salado (adj)	เค็ม	khem
salchichón (m)	ไส้กรอก	sâi gròrk
salchicha (f)	ไส้กรอกเวียนนา	sâi gròrk wian-naa
salmón (m)	ปลาแซลมอน	bplaa saen-morn
salmón (m) del Atlántico	ปลาแซลมอนแอตแลนติก	bplaa saen-mon àet-laen-dtìk
salsa (f)	ซอส	sós
sandía (f)	แตงโม	dtaeng moh
sardina (f)	ปลาซาร์ดีน	bplaa saa-deen
seco (adj)	ตากแหง	dtàak hâeng
seta (f)	เห็ด	hèt
seta (f) comestible	เห็ดกินได้	hèt gin dâai
seta (f) venenosa	เห็ดมีพิษ	hèt mee pít
seta calabaza (f)	เห็ดพอร์ชินี	hèt phor chí nee
siluro (m)	ปลาดุก	bplaa-dùk
sin alcohol	ไม่มีแอลกอฮอล์	mâi mee aen-gor-hor
sin gas	ไม่มีฟอง	mâi mee forng
sopa (f)	ซุป	súp
soya (f)	ถั่วเหลือง	thùa lĕuang
té (m)	ชา	chaa
té (m) negro	ชาดำ	chaa dam
té (m) verde	ชาเขียว	chaa khĭeow
tallarines (m pl)	กวยเตี๋ยว	gŭay-dtĭeow
tarta (f)	ขนมเคก	khà-nŏm kháyk

tarta (f)	ขนมพาย	khà-nǒm phaai
taza (f)	แก้ว	gâew
tenedor (m)	ส้อม	sôrm
tiburón (m)	ปลาฉลาม	bplaa chà-lǎam
tomate (m)	มะเขือเทศ	má-khěua thâyt
tortilla (f) francesa	ไข่เจียว	khài jieow
trigo (m)	ข้าวสาลี	khâao sǎa-lee
trucha (f)	ปลาเทราท์	bplaa thrau
uva (f)	องุ่น	a-ngùn
vaso (m)	แก้ว	gâew
vegetariano (adj)	มังสวิรัติ	mang-sà-wí-rát
vegetariano (m)	คนกินเจ	khon gin jay
verduras (f pl)	ผักใบเขียว	phàk bai khǐeow
vermú (m)	เหล้าองุ่นขาว ซึ่งมีกลิ่นหอม	lâo a-ngùn khǎao sêung mee glìn hǒrm
vinagre (m)	น้ำส้มสายชู	nám sôm sǎai choo
vino (m)	ไวน์	wai
vino (m) blanco	ไวน์ขาว	wai khǎao
vino (m) tinto	ไวน์แดง	wai daeng
vitamina (f)	วิตามิน	wí-dtaa-min
vodka (m)	เหล้าวอดก้า	lǎu wórt-gâa
whisky (m)	เหล้าวิสกี้	lǎu wít-sa -gêe
yema (f)	ไข่แดง	khài daeng
yogur (m)	โยเกิร์ต	yoh-gèrt
zanahoria (f)	แครอท	khae-rót
zarzamoras (f pl)	แบล็คเบอร์รี่	blàek ber-rêe
zumo (m) de naranja	น้ำส้ม	nám sôm
zumo (m) fresco	น้ำผลไม้ คั้นสด	nám phǒn-lá-máai khán sòt
zumo (m), jugo (m)	น้ำผลไม้	nám phǒn-lá-máai

กระเทียม	grà-thiam	ajo (m)
กล้วย	glûay	banana (f)
กะหล่ำดาว	gà-làm-daao	col (f) de Bruselas
กะหล่ำปลี	gà-làm bplee	col (f)
กานพลู	gaan-phloo	clavo (m)
กาแฟ	gaa-fae	café (m)
กาแฟคาปูชิโน	gaa-fae khaa bpoo chí noh	capuchino (m)
กาแฟดำ	gaa-fae dam	café (m) solo
กาแฟสำเร็จรูป	gaa-fae săm-rèt rôop	café (m) soluble
กาแฟใส่นม	gaa-fae sài nom	café (m) con leche
กินให้อร่อย!	gin hâi a-ròi	¡Que aproveche!
กีวี	gee wee	kiwi (m)
กุ้ง	gûng	camarón (m)
กุ้งมังกร	gûng mang-gon	langosta (f)
กูสเบอร์รี่	gòot-ber-rêe	grosella (f) espinosa
กวยเตี๋ยว	gŭay-dtĭeow	tallarines (m pl)
ขนม	khà-nŏm	pasteles (m pl)
ขนมปัง	khà-nŏm bpang	pan (m)
ขนมพาย	khà-nŏm phaai	tarta (f)
ขนมเค้ก	khà-nŏm kháyk	mini tarta (f)
ขนมเค้ก	khà-nŏm kháyk	tarta (f)
ขม	khŏm	amargo (adj)
ของกินเล่น	khŏrng gin lâyn	entremés (m)
ของหวาน	khŏrng wǎan	postre (m)
ขิง	khǐng	jengibre (m)
ข้าว	khâao	arroz (m)
ข้าวต้ม	khâao-dtôm	gachas (f pl)
ข้าวบาร์เลย์	khâao baa-lây	cebada (f)
ข้าวฟ่าง	khâao fâang	mijo (m)
ข้าวสาลี	khâao sǎa-lee	trigo (m)
ข้าวเที่ยง	khâao thîang	almuerzo (m)
ข้าวโพด	khâao-phôht	maíz (m)
ข้าวโพด	khâao-phôht	maíz (m)
ข้าวโอ๊ต	khâao óht	avena (f)
ข้าวไรย์	khâao rai	centeno (m)
คนกินเจ	khon gin jay	vegetariano (m)
คนเสิร์ฟชาย	khon sèrf chaai	camarero (m)
คนเสิร์ฟหญิง	khon sèrf yǐng	camarera (f)
ครีม	khreem	nata (f) líquida
ความอยากอาหาร	kwaam yàak aa hǎan	apetito (m)
คอร์นเฟลค	khorn-flâyk	copos (m pl) de maíz
คาร์โบไฮเดรต	kaa-boh-hai-dràyt	carbohidratos (m pl)
คาวเบอร์รี่	khaao-ber-rêe	arándano (m) rojo
คิดเงิน	khít ngern	cuenta (f)

คื่นช่าย	khêun-châai	apio (m)
คุกกี้	khúk-gêe	galletas (f pl)
ค็อกเทล	khók-tayn	cóctel (m)
งา	ngaa	sésamo (m)
จาน	jaan	plato (m)
จานรอง	jaan rorng	platillo (m)
ชา	chaa	té (m)
ชาดำ	chaa dam	té (m) negro
ชาเขียว	chaa khǐeow	té (m) verde
ชิ้น	chín	pedazo (m)
ช็อกโกแลต	chók-goh-láet	chocolate (m)
ช็อกโกแลต	chók-goh-láet	de chocolate (adj)
ช้อน	chórn	cuchara (f)
ช้อนชา	chórn chaa	cucharilla (f)
ช้อนซุป	chórn súp	cuchara (f) de sopa
ซอส	sós	salsa (f)
ชาวร์ครีม	saao khreem	nata (f) agria
ซุป	súp	sopa (f)
ซุปน้ำใส	súp nám-sǎi	caldo (m)
ดอกกะหล่ำ	dòrk gà-làm	coliflor (f)
ดอง	dorng	marinado (adj)
ตับ	dtàp	hígado (m)
ตากแห้ง	dtàak hâeng	seco (adj)
ตำราอาหาร	dtam-raa aa-hǎan	receta (f)
ตุ๋ม	dtôm	cocido en agua (adj)
ถั่ว	thùa	habas (f pl)
ถั่วพิสตาชิโอ	thùa phít dtaa chí oh	pistachos (m pl)
ถั่วรูปไต	thùa rôop dtai	fréjol (m)
ถั่วลันเตา	thùa-lan-dtao	guisante (m)
ถั่วลิสง	thùa-lí-sǒng	cacahuete (m)
ถั่วเลนทิล	thùa layn thin	lenteja (f)
ถั่วเหลือง	thùa lěuang	soya (f)
ทอด	thôrt	frito (adj)
ทับทิม	tháp-thim	granada (f)
ที่เปิดกระป๋อง	thêe bpèrt grà-bpǒrng	abrelatas (m)
ที่เปิดขวด	thêe bpèrt khùat	abrebotellas (m)
ที่เปิดจุก	thêe bpèrt jùk	sacacorchos (m)
ธัญพืช	than-yá-phêut	cereales (m pl)
นม	nom	leche (f)
นมข้น	nom khôn	leche (f) condensada
น้ำ	nám	agua (f)
น้ำดื่ม	nám dèum	agua (f) potable
น้ำตาล	nám dtaan	azúcar (m)
น้ำผลไม้	nám phǒn-lá-máai	zumo (m), jugo (m)
น้ำผลไม้คั้นสด	nám phǒn-lá-máai khán sòt	zumo (m) fresco
น้ำผึ้ง	nám phêung	miel (f)
น้ำมะเขือเทศ	nám má-khěua thâyt	jugo (m) de tomate
น้ำมันดอกทานตะวัน	nám man dòrk thaan dtà-wan	aceite (m) de girasol
น้ำมันพืช	nám man phêut	aceite (m) vegetal
น้ำมันมะกอก	nám man má-gòrk	aceite (m) de oliva

น้ำส้ม	nám sôm	zumo (m) de naranja
น้ำส้มสายชู	nám sôm săai choo	vinagre (m)
น้ำอัดลม	nám àt lom	gaseoso (adj)
น้ำเลมอนเนด	nám lay-morn-nâyt	limonada (f)
น้ำแข็ง	nám khăeng	hielo (m)
น้ำแร่	nám râe	agua (f) mineral
บร็อคโคลี่	bròrk-khoh-lêe	brócoli (m)
บัควีท	bàk-wêet	alforfón (m)
บาร์เทนเดอร์	baa-thayn-dêr	barman (m)
บิลเบอร์รี่	bil-ber-rêe	arándano (m)
บีทรูท	bee-trôot	remolacha (f)
ปลา	bplaa	pescado (m)
ปลาคาร์ป	bplaa khâap	carpa (f)
ปลาค็อด	bplaa khót	bacalao (m)
ปลาฉลาม	bplaa chà-lăam	tiburón (m)
ปลาซาร์ดีน	bplaa saa-deen	sardina (f)
ปลาดุก	bplaa-dùk	siluro (m)
ปลาตาเดียว	bplaa dtaa-dieow	fletán (m)
ปลาทูน่า	bplaa thoo-nâa	atún (m)
ปลาบรีม	bplaa bpreem	brema (f)
ปลาลิ้นหมา	bplaa lín-măa	lenguado (m)
ปลาสเตอร์เจียน	bpláa sà-dtêr jian	esturión (m)
ปลาหมึกกล้วย	bplaa mèuk-glûay	calamar (m)
ปลาเทราท์	bplaa thrau	trucha (f)
ปลาเพิร์ช	bplaa phêrt	perca (f)
ปลาเฮอร์ริง	bplaa her-ring	arenque (m)
ปลาแซลมอน	bplaa saen-morn	salmón (m)
ปลาแซลมอนแอตแลนติก	bplaa saen-mon àet-laen-dtìk	salmón (m) del Atlántico
ปลาแม็คเคอเร็ล	bplaa máek-kay-a-rĕn	caballa (f)
ปลาไพค์	bplaa phai	lucio (m)
ปลาไพค์เพิร์ช	bplaa phái phert	lucioperca (f)
ปลาไหล	bplaa lăi	anguila (f)
ปาเต	bpaa dtay	paté (m)
ปู	bpoo	cangrejo (m) de mar
ผลไม้	phŏn-lá-máai	fruto (m)
ผลไม้	phŏn-lá-máai	frutos (m pl)
ผัก	phàk	legumbres (f pl)
ผักกาดหอม	phàk gàat hŏrm	lechuga (f)
ผักขม	phàk khŏm	espinaca (f)
ผักชีฝรั่ง	phàk chee fà-ràng	perejil (m)
ผักชีลา	pàk-chee-laa	cilantro (m)
ผักชีลาว	phàk-chee-laao	eneldo (m)
ผักใบเขียว	phàk bai khĭeow	verduras (f pl)
พริกป่น	phrík bpòn	paprika (f)
พริกหยวก	phrík-yùak	pimiento (m) dulce
พริกแดง	phrík daeng	pimienta (f) roja
พริกไทย	phrík thai	pimienta (f) negra
พลัม	phlam	ciruela (f)
พาสตา	phâat-dtâa	macarrones (m pl)
พิซซ่า	phít-sâa	pizza (f)
พุดดิ้ง	phút-dîng	pudin (m)

ฟักทอง	fák-thorng	calabaza (f)
มะกอก	má-gòrk	olivas, aceitunas (f pl)
มะนาว	má-naao	limón (m)
มะพร้าว	má-phráao	nuez (f) de coco
มะม่วง	má-mûang	mango (m)
มะละกอ	má-lá-gor	papaya (f)
มะเขือยาว	má-khěua-yaao	berenjena (f)
มะเขือเทศ	má-khěua thâyt	tomate (m)
มะเดื่อฝรั่ง	má dèua fà-ràng	higo (m)
มังสวิรัติ	mang-sà-wí-rát	vegetariano (adj)
มันฝรั่ง	man fà-ràng	patata (f)
มันฝรั่งบด	man fà-ràng bòt	puré (m) de patatas
มัสตาร์ด	mát-dtàat	mostaza (f)
มายยองเนส	maa-yorng-nâyt	mayonesa (f)
มิลคเชค	min-châyk	batido (m)
มีด	mêet	cuchillo (m)
มีฟอง	mee forng	con gas
มื้ออาหาร	méu aa-hǎan	plato (m)
รมควัน	rom khwan	ahumado (adj)
รวงข้าว	ruang khâao	espiga (f)
รส	rót	regusto (m)
รสชาติ	rót châat	sabor (m)
รายการไวน์	raai gaan wai	carta (f) de vinos
ราสเบอร์รี่	râat-ber-rêe	frambuesa (f)
ร้อน	rórn	caliente (adj)
ร้านเหล้า	ráan lâo	bar (m)
ลิ้น	lín	lengua (f)
ลูกกวาด	lôok gwàat	caramelo (m)
ลูกท้อ	lôok thór	melocotón (m)
ลูกอินทผลัม	lôok in-thá-plǎm	dátil (m)
ลูกเกด	lôok gàyt	pasas (f pl)
วอลนัต	wor-lá-nát	nuez (f)
วาฟเฟิล	waaf-fern	gofre (m)
วิตามิน	wí-dtaa-min	vitamina (f)
สตรอว์เบอร์รี่ป่า	sá-dtorw ber-rêe bpàa	fresa (f) silvestre
สตรอว์เบอร์รี่	sà-dtror-ber-rêe	fresa (f)
สปาเก็ตตี้	sà-bpaa-gèt-dtêe	espagueti (m)
สลัด	sà-làt	ensalada (f)
สัตว์ที่ล่า	sàt thêe lâa	caza (f) menor
สัตว์พวกกุ้งกั้งปู	sàt phûak gûng gâng bpoo	crustáceos (m pl)
สับปะรด	sàp-bpà-rót	piña (f)
สุรา	sù-raa	licor (m)
สเต็กเนื้อ	sà-dtèk néua	bistec (m)
ส่วน	sùan	porción (f)
ส่วนผสมของเนย และน้ำตาล	sùan phà-sǒm khǒrng noie láe nám dtaan	crema (f) de mantequilla
ส้ม	sôm	naranja (f)
ส้มแมนดาริน	sôm maen daa rin	mandarina (f)
ส้มโอ	sôm oh	pomelo (m)
ส้อม	sôrm	tenedor (m)
หญ้าฝรั่น	yâa fà-ràn	azafrán (m)
หน่อไม้ฝรั่ง	nòr máai fà-ràng	espárrago (m)

หมากฝรั่ง	màak fà-ràng	chicle (m)
หมูเบคอน	mŏo bay-khorn	beicon (m)
หวาน	wăan	azucarado, dulce (adj)
หอยนางรม	hŏi naang rom	ostra (f)
หัวผักกาด	hŭa-phàk-gàat	nabo (m)
หัวหอม	hŭa hŏrm	cebolla (f)
หัวไชเท้า	hŭa chai tháo	rábano (m)
ห่าน	hàan	ganso (m)
องุ่น	a-ngùn	uva (f)
อบเชย	òp-choie	canela (f)
อร่อย	à-ròi	sabroso (adj)
อะโวคาโด	a-who-khaa-doh	aguacate (m)
อัลมอนด์	an-morn	almendra (f)
อาร์ติโชค	aa dtì chôhk	alcachofa (f)
อาหาร	aa-hăan	cocina (f)
อาหาร	aa-hăan	comida (f)
อาหารกระป๋อง	aa-hăan grà-bpŏrng	conservas (f pl)
อาหารทะเล	aa hăan thá-lay	mariscos (m pl)
อาหารพิเศษ	aa-hăan phí-sàyt	dieta (f)
อาหารเช้า	aa-hăan cháo	desayuno (m)
อาหารเย็น	aa-hăan yen	cena (f)
ฮอสแรดิช	hórt rae dìt	rábano (m) picante
เกลือ	gleua	sal (f)
เครื่องดื่มที่ไม่มีแอลกอฮอล์	krêuang dèum têe mâi mee aen-gor-hor	bebida (f) sin alcohol
เครื่องดื่มเหล้ากอนอาหาร	khrêuang dèum lâo gòrn aa-hăan	aperitivo (m)
เครื่องดื่มให้ความสดชื่น	khrêuang dèum hâi khwaam sòt chêun	refresco (m)
เครื่องปรุงรส	khrêuang bprung rót	condimento (m)
เครื่องเคียง	khrêuang khiang	guarnición (f)
เครื่องเทศ	khrêuang thâyt	especia (f)
เค็ม	khem	salado (adj)
เงินทิป	ngern thíp	propina (f)
เชอรรี่	cher-rêe	guinda (f)
เชอรรี่ป่า	cher-rêe bpàa	cereza (f)
เทียนตากบ	thian dtaa gòp	comino (m)
เทียนสัตตบุษย์	thian-sàt-dtà-bùt	anís (m)
เนย	noie	mantequilla (f)
เนยเทียม	noie thiam	margarina (f)
เนยแข็ง	noie khăeng	queso (m)
เนื้อ	néua	carne (f)
เนื้อกระต่าย	néua grà-dtàai	conejo (m)
เนื้อลูกวัว	néua lôok wua	carne (f) de ternera
เนื้อวัว	néua wua	carne (f) de vaca
เนื้อสับ	néua sàp	carne (f) picada
เนื้อหมู	néua mŏo	carne (f) de cerdo
เนื้อแกะ	néua gàe	carne (f) de carnero
เบอรรี่	ber-rêe	baya (f)
เบอรรี่	ber-rêe	bayas (f pl)
เบียร์	bia	cerveza (f)
เบียร์ดาร์ค	bia dàak	cerveza (f) negra

เบียร์ไลท์	bia lai	cerveza (f) rubia
เปลือก	bplèuak	piel (f)
เป็ด	bpèt	pato (m)
เมนู	may-noo	carta (f), menú (m)
เมลอน	may-lorn	melón (m)
เมล็ด	má-lét	grano (m)
เมล็ดธัญพืช	má-lét than-yá-phêut	cereales (m pl) integrales
เย็น	yen	frío (adj)
เรดเคอร์แรนท์	râyt-khêr-raen	grosella (f) roja
เศษ	sàyt	miga (f)
เหล้า	lâu	bebidas (f pl) alcohólicas
เหล้าคอนยัก	lâu khorn yák	coñac (m)
เหล้ายิน	lâu yin	ginebra (f)
เหล้ารัม	lâu ram	ron (m)
เหล้าวอดก้า	lâu wórt-gâa	vodka (m)
เหล้าวิสกี้	lâu wít-sa -gêe	whisky (m)
เหล้าองุ่นขาว ซึ่งมีกลิ่นหอม	lâo a-ngùn khǎao sêung mee glìn hǒrm	vermú (m)
เห็ด	hèt	seta (f)
เห็ดกินได้	hèt gin dâai	seta (f) comestible
เห็ดกอเหลือง	hèt gòr lěuang	rebozuelo (m)
เห็ดตะไคๆ	hèt dtà khai	rúsula (f)
เห็ดตับเต่าที่ขึ้น บนตนเบิร์ช	hèt dtàp dtào thêe khêun bon dtôn-bèrt	boleto (m) áspero
เห็ดพอร์ชินี	hèt phor chí nee	seta calabaza (f)
เห็ดพอร์ชินีดอก เหลือง	hèt phor chí nee dòrk lěuang	boleto (m) castaño
เห็ดพิษหมวกแดง	hèt phít mùak daeng	matamoscas (m)
เห็ดมอเรล	hèt mor rayn	colmenilla (f)
เห็ดมีพิษ	hèt mee pít	seta (f) venenosa
เห็ดระโงกหิน	hèt rá ngôhk hǐn	oronja (f) verde
เฮเซลนัท	hay sayn nát	avellana (f)
แก้ว	gâew	vaso (m)
แก้ว	gâew	taza (f)
แก้วไวน์	gâew wai	copa (f) de vino
แครนเบอร์รี่	khraen-ber-rêe	arándano (m) agrio
แครอท	khae-rót	zanahoria (f)
แคลอรี่	khae-lor-rêe	caloría (f)
แชมเปญ	chaem-bpayn	champaña (f)
แช่แข็ง	châe khǎeng	congelado (adj)
แซนด์วิช	saen-wít	bocadillo (m)
แตงกวา	dtaeng-gwaa	pepino (m)
แตงซูคินี	dtaeng soo-khí-nee	calabacín (m)
แตงโม	dtaeng moh	sandía (f)
แบล็คเคอร์แรนท์	blàek khêr-raen	grosella (f) negra
แบล็คเบอร์รี่	blàek ber-rêe	zarzamoras (f pl)
แป้ง	bpâeng	harina (f)
แผ่น	phàen	loncha (f)
แพร	phae	pera (f)
แยม	yaem	confitura (f)
แยม	yaem	confitura (f)
แยมผิวส้ม	yaem phǐw sôm	mermelada (f)

แอปริคูอท	ae-bprì-khôrt	albaricoque (m)
แอปเปิล	àep-bpêrn	manzana (f)
แฮม	haem	jamón (m)
แฮมเบอร์เกอร์	haem-ber-gêr	hamburguesa (f)
แฮมแกมมอน	haem gaem-morn	jamón (m) fresco
โปรตีน	bproh-dteen	proteínas (f pl)
โยเกิร์ต	yoh-gèrt	yogur (m)
ใบกระวาน	bai grà-waan	hoja (f) de laurel
ใบโหระพา	bai hǒh rá phaa	albahaca (f)
ใส่น้ำแข็ง	sài nám khǎeng	con hielo
ไก่	gài	gallina (f)
ไก่งวง	gài nguang	pava (f)
ไขมัน	khǎi man	grasas (f pl)
ไข่	khài	huevo (m)
ไข่	khài	huevos (m pl)
ไข่ขาว	khài khǎao	clara (f)
ไข่ทอด	khài thôrt	huevos (m pl) fritos
ไข่ปลา	khài-bplaa	caviar (m)
ไข่เจียว	khài jieow	tortilla (f) francesa
ไข่แดง	khài daeng	yema (f)
ไม่มีฟอง	mâi mee forng	sin gas
ไม่มีแอลกอฮอล์	mâi mee aen-gor-hor	sin alcohol
ไม้จิ้มฟัน	máai jîm fan	mondadientes (m)
ไวน์	wai	vino (m)
ไวน์ขาว	wai khǎao	vino (m) blanco
ไวน์แดง	wai daeng	vino (m) tinto
ไส้กรอก	sâi gròrk	salchichón (m)
ไส้กรอกเวียนนา	sâi gròrk wian-naa	salchicha (f)
ไส้ในขนม	sâi nai khà-nǒm	relleno (m)
ไอศกรีม	ai-sà-greem	helado (m)